Tamar Zhuzhunadze

Passagem do risco, propriedade e título nos contratos de venda CIF e FOB

Tamar Zhuzhunadze

Passagem do risco, propriedade e título nos contratos de venda CIF e FOB

Passagem do risco, propriedade e título Para processar o transportador por danos em trânsito em vendas CIF e FOB no direito inglês

ScienciaScripts

Imprint

Any brand names and product names mentioned in this book are subject to trademark, brand or patent protection and are trademarks or registered trademarks of their respective holders. The use of brand names, product names, common names, trade names, product descriptions etc. even without a particular marking in this work is in no way to be construed to mean that such names may be regarded as unrestricted in respect of trademark and brand protection legislation and could thus be used by anyone.

Cover image: www.ingimage.com

This book is a translation from the original published under ISBN 978-3-659-82717-4.

Publisher:
Sciencia Scripts
is a trademark of
Dodo Books Indian Ocean Ltd. and OmniScriptum S.R.L publishing group

120 High Road, East Finchley, London, N2 9ED, United Kingdom
Str. Armeneasca 28/1, office 1, Chisinau MD-2012, Republic of Moldova, Europe
Printed at: see last page
ISBN: 978-620-3-56705-2

Índice

Capítulo I Introdução

O conceito de risco tem uma importância jurídica significativa nas transacções de venda internacionais. Os contratos de venda de mercadorias que implicam o transporte marítimo diferem em grande medida dos contratos de venda nacionais tradicionais, uma vez que comportam um maior grau de risco em trânsito devido à maior distância. Os contratos CIF e FOB representam os contratos de transporte mais comummente utilizados. A principal caraterística destes contratos é o facto de as suas condições colocarem a tónica nas condições de expedição e não nas condições de chegada.[1] Ou seja, nos contratos de transporte, o local de entrega é o porto de carga e não o porto de destino. Isto implica que, ao entregar as mercadorias a bordo, o vendedor fica isento da responsabilidade física decorrente do contrato e que, ao apresentar os documentos contratuais relevantes ao comprador, as obrigações do vendedor são consideradas cumpridas. O objetivo desta tese é demonstrar os problemas práticos resultantes da caraterística distintiva dos contratos CIF e FOB em termos de distribuição do risco. Em particular, a tese contempla a abordagem das seguintes questões jurídicas: Como é que a passagem do risco em termos de transporte afecta um título de interesse da carga para processar o transportador pelos danos ocorridos em trânsito; e quais são os problemas relacionados com a atribuição do risco e as soluções fornecidas pela lei inglesa em diferentes circunstâncias. A este respeito, a tese examina a posição das condições de transporte no direito comercial inglês, nomeadamente o efeito das disposições do direito nacional inglês nos contratos CIF e FOB. Para além disso, a tese discute os problemas relacionados com a passagem da propriedade nas condições de expedição, para demonstrar que, na prática, a passagem da propriedade não desempenha um papel vital no que diz respeito ao título de propriedade.A tese está dividida em oito capítulos. O primeiro capítulo representa a introdução da tese. O segundo capítulo analisa a posição das vendas por remessa no direito inglês, com ênfase na distribuição do risco. O terceiro capítulo analisa em profundidade a distribuição do risco nos contratos CIF e FOB. O quarto capítulo examina o título contratual para processar os juros da carga contra o transportador, abrangendo a questão do endosso do conhecimento de embarque. O quinto capítulo centra-se no direito de ação para além das reivindicações contratuais, incluindo a responsabilidade civil, a fiança e o dispositivo contratual implícito. O sexto capítulo aborda os aspectos da passagem de propriedade nos contratos de transporte ao abrigo do direito inglês. O sétimo capítulo ilustra a aplicação de

---

[1] Charles Debattista, *Bills of Lading in Export Trade* (3.º, Tottel Publishing, Malvern 2009) 84

todos os recursos contratuais dos interesses da carga às vendas CIF e FOB e às suas variações. No mesmo capítulo, a tese passa pela análise pormenorizada de todas as vias de recurso disponíveis contra o transportador aplicáveis ao vendedor e ao comprador CIF e FOB. Finalmente, o último capítulo resume os principais aspectos da tese.Os capítulos da tese estão ordenados de acordo com a aplicação prática dos contratos CIF e FOB. Nomeadamente: O segundo capítulo introduz a comparação entre a regra geral de distribuição de risco nos termos de embarque e a regra geral de transferência de risco segundo a lei de vendas inglesa. O terceiro capítulo apresenta uma análise da regra geral dos contratos CIF e FOB. Por outras palavras, o capítulo aborda a regra da transferência do risco "no embarque ou a partir do embarque", a fim de analisar, no quarto capítulo, a forma como a regra geral das condições de embarque afecta a titularidade contratual dos direitos sobre a carga contra o transportador. Uma vez que o risco se transfere a partir do embarque, o expedidor assume o risco sobre as mercadorias em trânsito e, em caso de dano ou perda, é o interessado na carga que está disposto a cobrar ao transportador. A este respeito, o presente capítulo analisa as questões práticas relativas ao endosso do conhecimento de embarque. Ou seja, serão discutidos o modo e os requisitos formais relativos à emissão e transferência do conhecimento de embarque, de modo a criar um direito de ação executório. O quinto capítulo fornece opções de título de crédito para além das reivindicações contratuais, onde se estabelecerá que outros recursos dependem da passagem da propriedade e não da passagem do risco. Consequentemente, no sexto capítulo, a tese examina a passagem da propriedade nos contratos CIF e FOB ao abrigo da legislação inglesa, para demonstrar que a propriedade das mercadorias normalmente não é transferida "no embarque ou a partir do embarque". Isto implica que os interesses da carga raramente têm a propriedade sobre as mercadorias em trânsito, ou seja, os recursos extracontratuais para a ação judicial são menos aplicáveis aos contratos de transporte. Posteriormente, o sétimo capítulo introduz o novo problema prático, em que os interesses da carga não têm nem o direito contratual de intentar acções contra o transportador nem o interesse de propriedade para intentar acções baseadas em responsabilidade civil. A principal questão que se coloca neste capítulo é a de saber se os interesses da carga CIF e FOB ficam excluídos da indemnização nesta situação. A fim de encontrar soluções para o problema, o capítulo analisa em profundidade os contratos CIF e FOB com variações e as acções judiciais relativas à carga deles decorrentes. A investigação é efectuada com base no método comparativo e analítico.

Capítulo II
Transferência de risco em contratos de transporte e inglês Direito

A regra geral do direito britânico está prevista no artigo 20.º da SOGA, que estabelece que, salvo acordo em contrário, o risco é transferido juntamente com a transferência de propriedade.[2] Esta regra não se aplica aos contratos de transporte.[3] Nomeadamente, nos contratos CIF e FOB, o risco é transferido para o comprador "no momento ou a partir da expedição", independentemente da transferência de propriedade;[4] . Isto significa que o comprador pode adquirir o risco sobre as mercadorias que ainda se encontram na posse do vendedor e, em caso de danos, o comprador sofrerá as perdas. Para evitar esta situação, o direito inglês associa o risco à pessoa que tem controlo sobre as mercadorias em trânsito.[5]

A principal caraterística dos contratos CIF e FOB é o facto de o vendedor não prometer a entrega efectiva das mercadorias.[6] O vendedor promete enviar as mercadorias abrangidas pelos documentos contratuais.[7] Devido a esta caraterística distintiva dos contratos de venda tradicionais, os contratos CIF e FOB são conhecidos como "vendas documentais", uma vez que o vendedor tem o dever perante o comprador de apresentar os documentos comerciais.[8] Assim, a razão pela qual o risco é transferido "na expedição ou a partir desta" nos contratos de expedição reside no seu carácter documental.

A regra geral das vendas por remessa para a transferência do risco "na ou a partir da remessa", independentemente da transferência de propriedade, tem fundamentos comerciais e jurídicos.[9] Nomeadamente, o vendedor tem a garantia de que estará seguro financeira e juridicamente ao cumprir a sua obrigação de enviar as mercadorias. Em caso de perda ou dano, será exonerado da responsabilidade por ter cumprido a sua obrigação no que respeita à expedição.[10] Esta regra tem diferentes implicações na prática. Em primeiro lugar, pode ser alterada por um acordo

---

[2] SOGA 1979 s(20)

[3] *Stock vInglis* [1884] 12 e.g. A.B.C. 564 (QBD), *The Julia* [1949] 293 A.C 309

[4] *Benjamin's Sale of Goods* (9.º, p. ex. Maxwell, p. ex. Oxford 2014); Charles Debattista, *Bills of Lading in Export Trade* (3.º, Tottel Publishing, Malvern 2009) 85 ; *The Julia* [1949] 293 A.C 309 ; *The Parchim* [1918] p. ex. 1 AC p. ex. 157 (203)

[5] Charles Debattista, *Bills of Lading in Export Trade* (3.º, Tottel Publishing, Malvern 2009) 85

[6] *The Wise* [1989] 1 Lloyd's Rep 96 451

[7] *James Finlay & Cp contra NV Kwik Hoo Tong HM* [1919] 1 407 (KB); *Shipton Anderson & Co contra John Weston & Co* [1922] 10 L1LR 763

[8] Charles Debattista, *Bills of Lading in Export Trade* (3º, Tottel Publishing, Malvern 2009) 12

[9] Charles Debattista, *Bills of Lading in Export Trade* (3.º, Tottel Publishing, Malvern 2009) 87; *C Groom Ltd v Barber* [1915] 1 316 (K.B.)

[10] *Manbre Saccharine Co Ltd contra Corn Products Co Ltd* [1010] 1 L 202 (K.B.)

contrário entre as partes. Em segundo lugar, mesmo que o risco incumba prima facie a uma das partes, pode ser transferido, no todo ou em parte, para outra parte, em resultado de culpa de outra parte. [11] Em terceiro lugar, quando o vendedor se compromete a expedir as mercadorias, a SOGA prevê regras especiais para o risco de trânsito.[12] Além disso, a regra de repartição dos riscos é alterada quando o comprador actua como consumidor.[13] Em quinto lugar, o artigo 20º da SOGA não estabelece qualquer distinção entre bens específicos ou determinados e bens não determinados ou quase específicos.[14] No entanto, a distinção entre os dois últimos é crucial, uma vez que tem impacto na transmissão da propriedade, o que, consequentemente, afecta a transferência do título de propriedade sobre o bem. Por último, a localização dos bens no momento da celebração do contrato pode tornar-se relevante. A implicação mais importante é quando o comprador negoceia como consumidor, uma vez que neste caso o risco só é transferido aquando da entrega dos bens.

Além disso, a regra geral nas vendas por transferência implica um efeito retroativo, uma vez que permite transferir o risco para o comprador não só antes da passagem da propriedade, mas também antes da celebração do contrato.[15] Um exemplo é o contrato CIF em que o vendedor adquire e entrega as mercadorias que já estão em trânsito e cumpre o seu dever de as entregar no destino contratual.[16] Assim, após a transferência do risco de expedição, o risco recai sobre o comprador.[17] No caso de a perda ocorrer após a expedição, mas antes da transferência de propriedade, o risco transfere-se com a afetação ao contrato e com a verificação da mercadoria, presumindo-se que a parcela é identificável.[18] À primeira vista, a retroatividade causa alguns problemas ao comprador, que assumiu o risco sobre as mercadorias perdidas e sobre as quais o comprador não tem qualquer título.[19] No entanto, existe uma justificação razoável para a regra geral.[20] Nomeadamente, a transferência do risco sem ter a propriedade não deixa o comprador sem recurso, apenas significa que o vendedor cumpriu o dever de

---

[11] *Benjamin's Sale of Goods* (9th, Maxwell, Oxford 2014) 155

[12] SOGA s(32) (2),(3) e s(33).

[13] Ver Unfair Contract Terms Act 1977, s(12), aplicado pela Sale of Goods Act 1979, s 61 (5A); *Produce Brokers New Company* [1924] *Ltd v Wray, Sanderson & Co Ltd* [1931] 39 T.L.R. 257

[14] SOGA s(20)

[15] Charles Debattista, *Bills of Lading in Export Trade* (3º, Tottel Publishing, Malvern 2009) 86; *The Sanix Ace* [1987] 1 Lloyd's Rep 465

[16] *The Sanix Ace* [1987] *1 Lloyd's Rep 465, The Captain Gregos* [1990] 2 Lloyd's Rep 395

[17] *The Galatia, Hindley & Co Ltd v. East Indian Produce Co Ltd.* [1973] 2 Lloyd's Rep. 515

[18] Filipo Lorenzon, *Contratos C.IF e F.O.B* (5ª, Sweet and Maxwell, 2012) 15

[19] Charles Debattista, *Bills of Lading in Export Trade* (3.º, Tottel Publishing, Malvern 2009) 87

[20] Charles Debattista, *Bills of Lading in Export Trade* (3.º, Tottel Publishing, Malvern 2009) 87

expedição e que o comprador terá recurso contra o transportador se ocorrerem danos durante o transporte.[21] Isto implica que se considera que o vendedor cumpriu a sua obrigação de entregar as mercadorias e que o comprador não tem direito de ação contra o vendedor.[22] No entanto, o comprador continua a ter direito de ação contra o transportador, se as mercadorias não chegarem ou se chegarem danificadas.[23] É por esta razão que as partes consideram incluir o preço do transporte e o contrato de seguro no seu contrato de venda.[24] Se o comprador tivesse um recurso contra o vendedor, na prática não seria justo, uma vez que o vendedor seria responsável pelo incumprimento do contrato, apesar de não o ter violado.[25] Além disso, o facto de se considerar que o vendedor cumpriu a sua obrigação não significa que não lhe seja imputada qualquer responsabilidade se, por exemplo, incluir um destino errado no conhecimento de embarque. Trata-se de excepções legais impostas pelo direito consuetudinário às vendas de remessas relativas à passagem do risco, que serão analisadas no capítulo seguinte.

---

[21] *Manbre Saccharine Co Ltd contra Corn Products Co Ltd* [1010] 1 L 202 (K.B.)
[22] Charles Debattista, *Bills of Lading in Export Trade* (3.º, Tottel Publishing, Malvern 2009) 84
[23] Debattista, *Bills of Lading in Export Trade* (3.º, Tottel Publishing, Malvern 2009) 88
[24] *Manbre Saccharine Co Ltd contra Corn Products Co Ltd* [1010] 1 L 202 (K.B.)
[25] *Manbre Saccharine Co Ltd contra Corn Products Co Ltd* [1010] 1 L 202 (K.B.)

Capítulo III
Transferência de risco nos contratos CIF e FOB ao abrigo da Lei da Venda de Mercadorias de 1979

A diferença entre o conceito de risco ao abrigo do direito inglês e dos contratos de transferência não significa que o direito inglês não preveja regulamentação relevante para os contratos de transferência. Tal como já foi referido, a SOGA prevê exceções à regra principal do n.º 1 do artigo 20.º no que se refere à transferência do risco e permite que o risco seja transferido para a parte em falta e não necessariamente juntamente com os bens.

O objetivo do presente capítulo é: Em primeiro lugar, analisar como funciona na prática a regra geral de distribuição do risco nas vendas de remessas, quais os problemas que surgem e quais as soluções para os mesmos. Em segundo lugar, apresentar os desvios contratuais e as exceções à regra geral da transferência do risco e os problemas com ela relacionados. E, em terceiro lugar, analisar as exceções legais e estatutárias à distribuição do risco previstas na SOGA e determinar se se aplicam ou não aos contratos de transporte. Este capítulo está dividido em três subcapítulos. O primeiro subcapítulo examina brevemente a natureza contratual dos contratos CIF e FOB e a transferência do risco no seu âmbito. O segundo subcapítulo apresenta as exceções contratuais à distribuição do risco nos contratos CIF e FOB. Finalmente, o último subcapítulo analisa as exceções legais aos contratos CIF e FOB.

1.   *Distribuição do risco CIF e FOB*
1.1.   Caraterística do contrato CIF
CIF significa o frete a pagar pelo transporte de mercadorias para o destino previsto no contrato.[26] A principal caraterística do contrato CIF é o facto de o vendedor, que expediu as mercadorias, transferir os documentos de expedição para o comprador.[27] A palavra "frete" na frase "custo, seguro, frete" implica que o vendedor CIF é obrigado a celebrar o contrato de transporte com o transportador. [28] Após o cumprimento desta obrigação, o vendedor fica isento de responsabilidade, mesmo que a mercadoria se tenha perdido antes da transferência dos documentos.[29] Em caso de perda, o comprador deve pagar o preço das mercadorias e dos documentos.[30] Posteriormente, o comprador adquire o direito de exigir uma indemnização ao

---

[26] Incoterms (CE) CIF [2010] JO LB5

[27] *Manbre Saccharine Co Ltd contra Corn Products Co Ltd* [1010] 1 L 202 (K.B.)

[28] Charles Debattista, *Bills of Lading in Export Trade* (3.º, Tottel Publishing, Malvern 2009) 8

[29] *Benjamin's Sale of Goods* (9th, Maxwell, Oxford 2014)15:48; *Scottish & Newcastle International Ltd v Othon Ghalanos Ltd* [2008] UKHL 111 47 (L.R);

[30] *A venda de mercadorias de Benjamin* (9ª, Maxwell, Oxford 2014)15:48

transportador.[31] No entanto, após a aquisição de direitos contra o transportador, o comprador não tem quaisquer recursos contra o vendedor ao abrigo do contrato de venda.[32]

1.2.   Caraterística do contrato FOB e suas variações

Os casos relacionados com o contrato FOB são mais complexos, uma vez que o contrato FOB se tornou um instrumento flexível na prática[33] e existem ainda mais excepções contratuais do que nas vendas CIF᾽ s. Uma das principais razões é o facto de ser ambíguo quem tem a responsabilidade de celebrar um contrato de transporte. [34] No *processo Pyrane*, Devlin J estabeleceu três tipos principais de contratos FOB[35] : o "simples", o "clássico" e o "alargado", que serão examinados mais pormenorizadamente no presente subcapítulo.

O contrato FOB direto é o mais simples de definir,[36] mas o mais difícil de cumprir com os princípios tradicionais do direito contratual inglês.[37] No contrato FOB direto, o comprador celebra um contrato de transporte e o vendedor carrega as mercadorias num navio designado. No *processo Pyrane*, em que o vendedor reclamou uma indemnização ao transportador pelas mercadorias ao abrigo do contrato FOB simples, o tribunal resolveu o caso fora do âmbito da privacidade do contrato.[38] Isto é, embora o vendedor não fosse inicialmente parte no contrato de transporte, foi considerado como parte no contrato de transporte, cujas cláusulas limitavam a responsabilidade do transportador᾽ s perante o vendedor.[39]

Outro caso relevante de contrato FOB é o *de Athanasia Comninos*, que envolve um contrato FOB simples que suscitou algumas dificuldades. Neste caso, o armador processou tanto o vendedor como o comprador, uma vez que as mercadorias objeto do contrato de venda tinham danificado o seu navio[40] . O comprador era parte no contrato de afretamento e o vendedor foi designado como carregador no conhecimento de embarque. De acordo com o conhecimento de embarque, o vendedor devia ser considerado parte no contrato de transporte, uma vez que o comprador não era parte no contrato de transporte de mercadorias nem no conhecimento de embarque à ordem do comprador. [41] No entanto, neste caso, Mustill J. indicou que o

---

[31] *Ireland v Livington* [1871] 5HL 395 (L.R.)

[32] Filipo Lorenzon, *Contratos C.IF e F.O.B* (5ª, Sweet and Maxwell, 2012) 18

[33] *Pyrene Co Ltd v. Scindia Navigation Co ltd* [1954] 2 QB 402 (424)

[34] *Pyrene Co Ltd v. Scindia Navigation Co ltd* [1954] 2 QB 402 (424)

[35] *Pyrene Co Ltd v. Scindia Navigation Co ltd* [1954] 2 QB 402 (424)

[36] *The Al Hofuf* [1981]   1 Lloyd's Rep 81; Carole Murray; David Holloway; Daren Timson-Hunt; Giles Dixon,*Schmitthoff: The Law and Practice of International Trade* (12.°, Maxwell, Oxford 2012) 21

[37] Charles Debattista, *Bills of Lading in Export Trade* (3.°, Tottel Publishing, Malvern 2009) 9

[38] *Pyrene Co Ltd v. Scindia Navigation Co ltd* [1954] 2 QB 402 (426)

[39] *Pyrene Co Ltd v. Scindia Navigation Co ltd* [1954] 2 QB 402 (426)

[40] *Athanasia Comninos* [1979] 1 Lloyd's Rep 277

[41] *Athanasia Comninos* [1979] 1 Lloyd's Rep 277

comprador e o vendedor eram ambos demandantes e que o comprador, que ainda não era proprietário das mercadorias, era considerado responsável pelas mercadorias juntamente com o vendedor.[42]

De acordo com o *processo Pyrane* e o processo *Athanasia Comninos*, pode concluir-se que o tribunal se afasta do princípio da privacidade do contrato e decide os casos com base numa abordagem mais pragmática.[43] Esta interpretação permite considerar o vendedor responsável pelo contrato celebrado entre o comprador e o transportador[44] e os direitos do vendedor podem ser excluídos ou limitados com base neste contrato.[45] Para evitar mal-entendidos, o vendedor é aconselhado a incluir uma cláusula de indemnização no contrato FOB simples.[46] Na forma alargada do contrato FOB, o vendedor tem deveres adicionais de prestar alguns outros serviços acordados pelas partes. Por exemplo, para além da obrigação de expedição, o vendedor pode, mediante acordo, ter a obrigação de celebrar um contrato de transporte de mercadorias, de fazer um seguro ou ambos.[47] Este tipo de contrato FOB é semelhante ao termo CIF. No entanto, a diferença entre os dois contratos acima referidos é que no contrato FOB alargado são aplicáveis encargos adicionais e no contrato CIF o preço do contrato de transporte de mercadorias e dos seguros está incluído no preço CIF. Para além disso, o contrato CIF implica a obrigação de o vendedor celebrar o contrato de transporte de mercadorias. No entanto, a semelhança entre estes dois contratos reside no facto de, em ambos, o vendedor ser parte no contrato de transporte e o comprador se tornar parte depois de se tornar o legítimo detentor do conhecimento de embarque. [48]

1.3. Transferência de risco CIF e FOB

Normalmente, nos contratos CIF e FOB, o risco é transferido "no embarque ou a partir do embarque".[49] O vendedor tem o dever de providenciar um seguro a partir do embarque ou a partir do embarque, o que significa que o comprador não actua como consumidor. Esta é a razão pela qual a regra inglesa de transferência do risco juntamente com a propriedade é excluída no contrato CIF.[50] Nos contratos CIF, em que as mercadorias são vendidas e depois

---

[42] *Athanasia Comninos* [1979] 1 Lloyd's Rep 277
[43] Charles Debattista, *Bills of Lading in Export Trade* (3°, Tottel Publishing, Malvern 2009) 10
[44] *Athanasia Comninos* [1979] 1 Lloyd's Rep 277
[45] *Pyrene Co Ltd v. Scindia Navigation Co ltd* [1954] 2 QB 402
[46] Charles Debattista, *Bills of Lading in Export Trade* (3°, Tottel Publishing, Malvern 2009) 10
[47] *Pyrene Co Ltd v. Scindia Navigation Co ltd* [1954] 2 QB 402
[48] *El Amria e ElMinia* [1982] 2 Lloyd's Rep. 28
[49] *The Julia* [1949] 293 309 (A.C.); *E Clemens Horst Co Ltd v. Biddell Bros* [1911] 1 K.B. 934; *M Golodetz & Co Inc v Czarnikow Rionda Co Inc (the Galatia)* [1980] 1. W.L.R 495
[50] Sale of Goods Act 1979 s 20(1)

expedidas, o risco é transferido aquando da expedição.[51] E, quando as mercadorias já estão carregadas no navio no momento da venda, o risco passa "no embarque ou a partir do embarque".[52] No caso de as partes acordarem na expressão "navio perdido ou não perdido", o vendedor só é obrigado a expedir as mercadorias que correspondem à descrição do contrato.[53] Após o envio, o risco recai sobre o comprador.[54] No contrato CIF, em caso de não conformidade das mercadorias, a questão do risco não se coloca,[55] devido ao facto de os compromissos do vendedor quanto à qualidade se referirem ao momento da expedição,[56] o que não acontece no contrato inglês típico. A regra CIF segundo a qual a obrigação do vendedor termina no momento da expedição baseia-se no pressuposto de que existe uma obrigação implícita de que as mercadorias estão aptas a suportar o trânsito normal.[57] No entanto, existem excepções à regra que criam variações do contrato CIF[58] que afectam a transferência do risco, respetivamente.

As questões relativas à repartição dos riscos no âmbito do regime FOB prendem-se, na sua maioria, com os danos causados às mercadorias, quer a bordo, quer fora de bordo. Um dos exemplos de danos ocorridos durante o processo de carregamento efetivo é apresentado no *caso Pyrane*.[59] Como já foi descrito, neste caso, o vendedor processou o transportador pelos danos causados às mercadorias vendidas em condições FOB diretas, o que significa que o comprador celebrou um contrato de transporte. Por conseguinte, o vendedor não era parte no contrato de transporte de mercadorias. Os danos ocorreram durante o processo de carregamento efetivo e o vendedor foi considerado parte no contrato, que previa a limitação da responsabilidade do transportador. Neste caso, era decisivo o facto de se considerar que as mercadorias tinham sido carregadas no navio ou não. De acordo com o vendedor, o facto de atravessar a amurada do navio significava que as mercadorias já estavam carregadas a bordo. O vendedor argumentou que a responsabilidade pelo carregamento estava dividida

---

[51] *Leigh & Sillavan Ltd v. Aliakmon Shipping Co ltd (Aliakmon)* [1986] A.C. 785

[52] Filipo Lorenzon, *CIF and FOB Contracts* (5th, Maxwell, Oxford 2012) 171 *Manbre Saccharine Co Ltd v Corn Products Co Ltd* [1910] 1 L 202 (K.B.); *C Groom Ltd v Barber* [1915] 1 316 (K.B.)

[53] *C Groom Ltd contra Barber* [1915] 1 316 (K.B.)*316*

[54] *C Groom Ltd contra Barber* [1915] 1 316 (K.B.)*316*

[55] *Trimex Holdings SA v Addax BV (The Red Sea)* [1999] 1 Lloyd's Rep. 28

[56] *Oleificio Zucchi SpA v Northern Sales Ltd* [1965] 2 Lloyd's Rep. 496; *Cordova Land Co Ltd v Victor Bros* [1966] 1 W.L.R 793

[57] *Oleificio Zucchi SpA v Northern Sales Ltd* [1965] 2 Lloyd's Rep. 496; *Cordova Land Co Ltd v Victor Bros* [1966] 1 W.L.R 793

[58] Filipo Lorenzon, *C.IFandF.O.B Contracts* (5th, Sweet and Maxwell, 2012) 19

[59] *Pyrene Co Ltd v. Scindia Navigation Co ltd* [1954] 2 QB 402 (424)

em duas partes: em primeiro lugar, antes da passagem do carril dos navios, o vendedor era responsável pelos danos e, após a passagem, o transportador ferroviário tinha o dever de colocar as mercadorias a bordo. Contudo, o tribunal considerou que a divisão da responsabilidade de acordo com o carril do navio não é uma tendência moderna e prática e que o carregador é responsável por colocar as mercadorias a bordo.[60] Por conseguinte, a repartição dos riscos depende da forma como as partes determinaram as suas obrigações em matéria de carregamento no contrato de transporte. Embora *o processo Pyrane* não forneça qualquer declaração sobre a distribuição do risco entre o vendedor e o comprador, este raciocínio pode ser aplicável como analogia à atribuição do risco no âmbito do contrato de venda. Consequentemente, pode dizer-se que, para determinar quem suporta o risco dos danos ocorridos durante o carregamento, depende da forma como as partes dividem os seus deveres em termos de transporte no contrato de venda. Normalmente, sem qualquer especificação contratual no contrato de venda, o risco deve passar para o comprador depois de as mercadorias atravessarem a amurada do navio. No entanto, o dever do vendedor de colocar as mercadorias na amurada do navio pode ser alargado ou limitado pelo contrato de venda, que pode prever condições diferentes e, nesse caso, o risco passa quando o dever do vendedor relativamente à expedição estiver concluído. No contrato FOB clássico, o comprador designa o navio e o vendedor celebra o contrato de transporte. Um exemplo de tal situação seria quando as mercadorias são transferidas num navio numa rota regular. Neste caso, o vendedor actua como agente do comprador no contrato de transporte.[61]

2. *Excepções contratuais aos contratos CIF e FOB na distribuição do risco*

Um dos desvios contratuais mais comuns dos contratos CIF e FOB tradicionais é a transferência do risco antes da expedição.[62] Neste caso, o objeto é uma mercadoria específica, o pagamento é feito antes da expedição e a propriedade e o risco podem ser transferidos também antes da expedição.[63] A base para esta exceção é o caso *Scruttons,*[64] , em que o vendedor foi pago pelo bem ao abrigo do CIF antes da expedição. Apesar deste desvio, o tipo de contrato acima referido continua a ser considerado um contrato de transporte. Devido ao facto de o frete estar incluído no preço CIF e ser pago antecipadamente, o comprador tem de

[60] *Pyrene Co Ltd v. Scindia Navigation Co ltd* [1954] 2 QB 402 (424)
[61] *Pyrene Co Ltd v. Scindia Navigation Co ltd* [1954] 2 QB 402 (424)
[62] Charles Debattista, *Bills of Lading in Export Trade* (3.º, Tottel Publishing, Malvern 2009) 87
[63] Benjamin's, *Sale of Goods* (9.º, Maxwell, Oxford 2014) 16:41
[64] *Scruttons Ltd vMidland Silicones Ltd* [1961] KHL 4 A.C 446

o pagar mesmo que não obtenha as mercadorias. [65] No entanto, se o contrato ou o conhecimento de embarque indicar que o frete deve ser pago no destino contratual, então o risco do frete recai sobre o vendedor[66] e o comprador fica isento do dever de pagamento. Por outro lado, o vendedor pode obter um preço contratual CIF deduzido do preço do frete.[67]

No entanto, o ajustamento do preço não é um acontecimento habitual nas vendas por transferência. Está relacionado com as exceções contratuais previstas nas chamadas cláusulas "out turn" relativas à quantidade, qualidade ou estado das mercadorias.[68] Tais cláusulas implicam que o preço pode ser ajustado aquando da entrega.[69] Um exemplo de tal caso é quando o contrato CIF ou FOB prevê que o montante a pagar pelo comprador depende da quantidade de mercadorias que o comprador efetivamente recebe.[70] Outro exemplo poderia ser o caso em que o contrato CIF ou

O contrato FOB estipula o montante a pagar em função da quantidade. Assim, em caso de não entrega, os preços podem ser deduzidos da quantidade contratada.[71] No entanto, estes contratos são objeto de uma interpretação estrita. Por exemplo, no *processo Soon Hua Seng* ([72]), considerou-se que os contratos devem ser encarados essencialmente como contratos c & f na sua natureza. Em especial, se as mercadorias estiverem cobertas por documentos de transporte e se perderem, o risco continua a ser do comprador e não é permitido o ajustamento do preço.[73]

A outra exceção contratual no que diz respeito à distribuição do risco é quando as partes acordam nos contratos de transporte a retenção do risco após o transporte.[74] Por exemplo, a cláusula que estabelece que o comprador deve pagar o preço aquando do desembarque no porto de destino ou numa determinada data significa que o risco após o embarque continua a ser suportado pelo vendedor.[75]

Outro desvio à regra principal da repartição dos riscos pode ser o contrato de transporte que

---

[65] Filipo Lorenzon, *Contratos C.IF e F.O.B.* (5.ª edição, Sweet and Maxwell, 2012) 105

[66] *Tamvaco v Lucas (No 2)* [1961] 1 B & S 185 89; *The Pantanassa*, [*1970*] 1 Lloyd's Rep. 153

[67] *The Pantanassa*, [*1970*] 1 Lloyd's Rep. 187

[68] *The Pantanassa*, [*1970*] 1 Lloyd's Rep. 153

[69] FOSFA 54(16)

70 *Brandt v Liverpool Brazil and River Plate Steam Navigation Co Ltd* [1924] 1KB 214l; *Dupont v British South Africa Co* (1901) 18 T.LR. 24; *Houlder Bros & Co Ltd v Commissioners ofPublic Works* [1908] AC 276

[71] *O Gabbiano* [1940] 166

[72] *Soon Hua Seng Co Ltd contra Glencore Grain Ltd* [1996] 1 Lloyd's Rep 398

[73] *Soon Hua Seng Co Ltd contra Glencore Grain Ltd* [1996] 1 Lloyd's Rep 399

[74] Charles Debattista, *Bills of Lading in Export Trade* (3.º, Tottel Publishing, Malvern 2009) 89

[75]*Law & Bonar Ltd contra British American Tobacco Co Ltd* [1916] 2 KB 605; *Houlder Bros & Co Ltd contra Commissioners of Public Works* [1908] AC 276; *The Julia* [1949] 293 309 (A.C.); *The Gabbiano* [1940] 166

estabelece uma data de chegada exacta, em que o vendedor assume o risco de as mercadorias chegarem na data acordada.[76] No entanto, no *processo The Wise*, o tribunal considerou que essa cláusula não implica uma garantia de chegada das mercadorias nessa data por parte do vendedor, mas determina uma data prevista de chegada.[77]

Apesar destes desvios à regra principal da transferência do risco nos contratos CIF e FOB, estes acordos contratuais continuam a ser interpretados como contratos de transporte com variações.

3. *Exceção legal aos contratos CIF e FOB no que respeita à distribuição do risco*

A SOGA prevê um número limitado de excepções legais à regra segundo a qual o risco se transfere "na expedição ou a partir desta". Existem cinco excepções, quatro das quais foram confirmadas pelo tribunal de *Mash & Murrell*[78] e recentemente confirmadas no processo *Mercini Lady*.[79]

Nos termos do artigo 20(2) da SOGA, em caso de atraso na entrega, o risco sobre as mercadorias recai sobre a parte em falta.[80] Isto significa que se o vendedor CIF ou FOB não enviar as mercadorias no prazo acordado, estará a violar o contrato.[81] Além disso, nos termos do s. 20(3)[82], em caso de atraso na descarga, ou no caso de o vendedor dar novas instruções ao transportador ou atrasar a apresentação do conhecimento de embarque, o risco recai sobre o vendedor.[83] No *processo Rio Sun*, considerou-se que, nesses casos, se aplica o nº 2 do artigo 20º e que a parte culpada deve suportar o risco.[84]

O n.º 2 do artigo 20.º estabelece que esta secção não afecta os deveres de fiança ou de guarda dos bens da outra parte.[85] O que significa que, no caso de as partes terem direitos devido ao interesse possessório nas mercadorias transportadas pelo transportador, a SOGA não interfere nessa relação. Outro caso, ocorre quando a fiança não é prestada entre o transportador e uma das partes do contrato de venda, mas entre o vendedor e o próprio comprador. Por exemplo,

[76] *Cargill International SA contra Bangladesh Sugar and Food Industries Corp* [1988] 2 ALL ER 406
[77] *The Wise* [1989] 1 Lloyd's Rep 101
[78] *Mash & Murrell Ltd contra Joseph IEmanuel Ltd* [1961] 1 W.L.R. 862 1 Lloyd's Rep 46
[79] *The Mercini Lady* [2010] EWCA Civ 442
[80] SOGA s(20)(2)
[81] *Bowers v Schad* [1977] 2 App Cas 445; *Gatoil International Inc v. Tradax Petroleum Ltd (The Rio Sun)* [1985] 1 Lloyd's Rep . 350
[82] SOGA s(20)(3)
[83] *Gatoil International Inc. v Trada Petroleum Ltd (The Rio Sun)* [1985] 1 Lloyd's Rep 349
[84] *Gatoil International Inc v. Tradax Petroleum Ltd (The Rio Sun)* [1985] 1 Lloyd's Rep . 350
[85] SOGA s(20) (3)

se, nos termos do contrato CIF, a propriedade de determinadas mercadorias for transferida antes da expedição, o vendedor é fiador da propriedade do comprador. Nesse caso, aplica-se o n.º 3 do artigo 20.º e o risco recai sobre o

vendedor.[86] S. 32(2)[87] é muito mais interessante, uma vez que, nos termos da secção, caso o vendedor não celebre um contrato de transporte razoável, o risco sobre o bem danificado em trânsito recai sobre o vendedor.[88] Muito provavelmente, esta secção deveria ser excluída da aplicação às condições de transporte, uma vez que exige que o vendedor celebre o contrato de transporte em nome do comprador. No entanto, este é o caso apenas dos contratos FOB, em que o vendedor actua como agente do comprador. Por outro lado, se olharmos para a jurisprudência, o tribunal[89] considera que o artigo 32.º, n.º 2, é aplicável aos contratos relativos às condições de expedição.[90] Este raciocínio baseia-se na decisão do *processo Clarke v Hutchins*,[91] segundo a qual se considera que o vendedor tem a obrigação de garantir uma entrega segura[92] ao celebrar um contrato de transporte em condições normais de expedição.[93]   Este ponto de vista foi igualmente confirmado no processo *Pointin v Porrier*[94] e nos processos *The Northern Progress*[95] . Além disso, no *processo Tsakiroglou*[96] considerou-se que o contrato celebrado nas condições habituais de expedição, mas que não protege as mercadorias em trânsito, não cumpre os requisitos de razoabilidade previstos no n.º 2 do artigo 32. Por conseguinte, também neste caso, o vendedor suporta o risco após a expedição. Por outro lado, a subsecção 32(3) não se aplica às condições de expedição, uma vez que, de acordo com esta secção, se o vendedor não notificar o comprador sobre a informação que se espera que ajude o comprador a segurar as mercadorias, o risco das

---

[86] *Wiehe v Dennis Bros* [1913] 21 TLR 250

[87] SOGA s(32)(3)

[88] Benjamin's, *Sale of Goods* (9.ª edição, Maxwell, Oxford 2014) 8.015

[89] *Houlder Bros & Co Ltd contra Commissioners of Public Works* [1908] AC 276; *Ceval Alimentos, Tsakiroglou & Co Ltd contra Noblee Thorl GmbH* [1962] A.C. 93. 121; *The Rio Sun* [1985] 1 Lloyd's Rep 350, 159-60

[90] Charles Debattista, *Bills of Lading in Export Trade* (3º, Tottel Publishing, Malvern 2009) 95; Atiyah em 378

[91] Filipo Lorenzon, *Contratos C.IF e F.O.B* (5ª, Sweet and Maxwell, 2012) 22

[92] *Clarke v Hutchins* [1811] 14 East 475

[93] *Ceval Alimentos, Tsakiroglou & Co Ltd contra Noblee Thorl GmbH* [1962] A.C. 93. 121; *Finska Celluso Foreningen (Finnish Cellulose Union) contra Westfield Paper Co Lt* [1940] 68 Ll. L Rep.75; *TW Ranson Ltd contra Manufacture d'Engrais et de Produits Industriels Antwerp* [1922] 13 Ll. L. Rep. 205; *Burstall & Co v Grimsdale and Sons* (1906) Com. Cas. 280

[94] *Pointin v Porrier* [1885] 49 J.P. 199

[95] Caval Alimentos SA contra Agrimpex Trading Co Ltd (The Northern Progress) [1996] 2 Lloyd's Rep. 319, por Rix J. em 328s

[96] *Ceval Alimentos, Tsakiroglou & Co Ltd contra Noblee Thorl GmbH* [1962] A.C. 93. 326

mercadorias em trânsito recairá sobre o vendedor.[97] Esta secção pode ser inaplicável aos contratos de transporte, quando o vendedor tem de providenciar o seguro.[98] Assim, não se aplica aos contratos CIF[99] e ao contrato FOB alargado com serviços adicionais, segundo o qual o vendedor suporta a contratação do seguro. Deve mencionar-se que também é questionável se esta secção se aplica ao contrato FOB simples, uma vez que, nesse caso, o comprador tem de celebrar o contrato de transporte e de seguro e é pouco provável que o vendedor disponha de informações que possam ser úteis ao comprador para lhe enviar um aviso.[100] No entanto, no processo *Wimble, Sons & Co v Rosenberg & Co*,[101] , considerou-se que a secção continua a ser aplicável aos contratos FOB simples, sempre que o vendedor possua informações úteis para o vendedor organizar o seguro. Se não fosse esse o caso, em geral a secção não se aplicaria ao contrato FOB simples.[102] A última disposição, que pode aplicar-se às vendas por remessa, é o artigo 33º da SOGA, que estabelece que o vendedor assume um risco sobre as mercadorias em trânsito quando aceita entregar as mercadorias por sua conta e risco "num local diferente daquele em que se encontram no momento da venda".[103] Esta secção não se aplica às condições de expedição, uma vez que, na prática, nunca ocorre que o vendedor aceite entregar as mercadorias por sua conta e risco.[104] No entanto, estas excepções legais representam desvios à regra (transferência do risco "na expedição ou a partir desta") e os tribunais exigem ao requerente um elevado ónus de prova da culpa do vendedor.[105] A fim de manter a certeza a este respeito, a jurisprudência tende a decidir neste tipo de situações no melhor interesse do vendedor.[106]

---

[97] SOGA (32)(3)
[98] Charles Debattista, *Bills of Lading in Export Trade* (3.º, Tottel Publishing, Malvern 2009) 96
[99] *Law and Bonar Ltd contra British American Tobacco Co Ltd* [1916] 2 KB 605
[100] Charles Debattista, *Bills of Lading in Export Trade* (3º, Tottel Publishing, Malvern 2009) 97
[101] *Wimble, Sons & Co v Rosenberg & Co* [1913] 3 KB 743
[102] *Northern Steel & Hardware Co Ltd contra John Batt Co (London) Ltd* [1917] 22 TLR 516
[103] SOGA s(33)
[104] Charles Debattista, *Bills of Lading in Export Trade* (3º, Tottel Publishing, Malvern 2009) 97
[105] Law and Bonar Ltd contra Britihs American Tobacco Co Ltd
[106] Charles Debattista, *Bills of Lading in Export Trade* (3º, Tottel Publishing, Malvern 2009) 17

Capítulo IV

A legitimidade processual no âmbito do contrato de transporte de mercadorias e o papel do conhecimento de embarque

A regra segundo a qual o risco se transfere "no embarque ou a partir do embarque", sem transferência de propriedade, não deixa o comprador sem recurso contra o transportador,[107] , uma vez que o artigo 2.º da COGSA confere ao comprador, que não é inicialmente parte no contrato de transporte, o direito de processar o transportador como se fosse parte no contrato.[108] Assim, na ausência de uma disposição contratual especial relativa ao direito de ação judicial, o comprador terá esse direito se o vendedor lhe transferir o documento de transporte válido. Isto significa que, se o comprador dispuser do documento de transporte válido, não terá receio de pagar as mercadorias sobre as quais assumiu o risco aquando da expedição. O título de propriedade pode ser transferido não só através do conhecimento de embarque, mas também através da carta de porte marítimo, dos conhecimentos de embarque diretos ou das ordens de entrega, em que o comprador é designado como destinatário. A análise e os casos dos documentos de transporte válidos, que conferem ao comprador o direito acima mencionado, serão analisados mais adiante neste capítulo.

Deve sublinhar-se, no entanto, que os conhecimentos não relativos a encomendas estão excluídos da aplicação da alínea a) do n.º 2 do artigo 1.º da COGSA e[109] o titular do conhecimento de embarque simples não é considerado um detentor legítimo na aceção da COGSA.[110] No entanto, tal não significa que o destinatário indicado no conhecimento de embarque simples fique sem recurso contra o transportador. Nesse caso, o destinatário dispõe de direitos contratuais de entrega ao abrigo da alínea b) do n.º 1 do artigo 2º da COGSA.

O dever do vendedor de embarcar as mercadorias a bordo implica que ele é obrigado a fornecer ao comprador um documento de transporte adequado, no qual o comprador é nomeado como destinatário.[111] No caso de uma ordem de entrega, o comprador deve ser nomeado como pessoa com direito à entrega.[112] Ao embarcar as mercadorias e obter um

---

[107] *Shipton Anderson & Co contra John Weston & Co* [1922] 10 L1LR

[108] COGSA 1992s 2(1)(a)

[109] COGSA 1992s 2(1)(a); The Rafaela S [2005] 1 Lloyd's Rep 347 at 361

[110] *Benjamin's Sale of Goods* (9th, Maxwell, Oxford 2014) 18-06; *CP Henderson & Co v. The Comptoir D'Escompte De Paris* [1873] LR 5253 (PC)

[111] Charles Debattista, *Bills of Lading in Export Trade* (3.º, Tottel Publishing, Malvern 2009) 101

[112] COGSA 5(2)(b)

documento adequado, considera-se que o vendedor cumpriu as suas obrigações contratuais.

Nos casos em que o contrato contém um conhecimento de embarque, que transfere um direito contratual, é mais fácil estabelecer a titularidade da ação do que no caso de cartas de porte marítimo, conhecimentos de embarque simples ou ordens de entrega de navios. A razão para tal é que, de todos os documentos supramencionados, apenas o conhecimento de embarque tem um carácter transferível. Neste caso, é importante saber como é que o vendedor é obrigado a endossar o conhecimento de embarque ao comprador, de modo a criar um direito de ação executória para o comprador contra o transportador.

Ao considerar o endosso do conhecimento de embarque, é importante ter em conta que parte do contrato deve endossar o documento de transporte e de que forma. Esta questão é importante, uma vez que, no caso de um conhecimento de embarque não endossado, o comprador pode rejeitá-lo. Mesmo que o comprador o aceite, o comprador final pode rejeitar um conhecimento de embarque que não tenha sido endossado. Mesmo que o comprador o aceite, o comprador final pode rejeitar um conhecimento de embarque que não tenha sido inicialmente endossado pelo vendedor. [113] Esta questão deve ser analisada sob duas perspectivas: em primeiro lugar, quando o conhecimento de embarque é emitido à ordem do destinatário e, em segundo lugar, quando é emitido à ordem do vendedor.

Nos termos da COGSA[114], não só o primeiro comprador tem o direito de intentar uma ação judicial, mas também o comprador final, o chamado comprador a prazo. Consequentemente, tal significa que não é necessário um endosso inicial pelo expedidor nem um endosso posterior pelo primeiro comprador para que a COGSA seja aplicável. Em especial, o n.º 2, alínea a), do artigo 5º estabelece que um titular legítimo de um conhecimento de embarque, que, por força do conhecimento de embarque, é identificado como destinatário, possui um título contratual para processar o transportador. Como não existe qualquer estipulação relativa ao endosso, a mera posse do conhecimento é suficiente para que o comprador a prazo tenha esse direito.[115]

Para que um conhecimento de embarque efectuado à ordem do expedidor seja executório, deve ser cumprido o requisito previsto na COSGA[116]. No caso de um conhecimento de embarque não endossado pelo vendedor, se o primeiro comprador fizer o endosso ao comprador inicial antes de apresentar um conhecimento de embarque não endossado, o

---

[113] Roy Goode, *Commercial Law* (3º, Penguin Books) 890
[114] COGSA 1992 s(5)(2)(a)
[115] Charles Debattista, *Bills of Lading in Export Trade* (3.º, Tottel Publishing, Malvern 2009) 100
[116] COGSA 1992 5(2)(b)

comprador inicial poderá não rejeitar o conhecimento. Contudo, para evitar incertezas, é preferível que o expedidor efectue o endosso inicialmente.

Em conclusão, para conferir ao comprador um título executivo que lhe permita demandar o transportador, o conhecimento de embarque à ordem do destinatário não exige o endosso do carregador, ao passo que o conhecimento de embarque à ordem do carregador exige, pelo menos, o endosso do primeiro comprador.

No que diz respeito ao modo de endosso, não existem requisitos específicos adaptados a todos os casos.[117] Se um contrato de venda estipular um modo exato de endosso, só o conhecimento de embarque conforme a essa estipulação será executório.[118] No entanto, na ausência de uma estipulação expressa, é aceitável qualquer forma que satisfaça os requisitos acima descritos. Em geral, um documento de transporte redigido de qualquer forma é aplicável se conferir ao comprador o direito de reclamar a entrega das mercadorias, o direito de reclamar a carga ao transportador e o direito de transferir o conhecimento de embarque para o comprador a prazo.[119]

Caso estes requisitos sejam satisfeitos no que respeita aos documentos de transporte, o interesse da carga obterá direitos contra o transportador através do funcionamento da COGSA.

---

[117] Benjamin's, *Venda de mercadorias* (9.º, Maxwell, Oxford 2014) 18:05
[118] Charles Debattista, *Bills of Lading in Export Trade* (3.º, Tottel Publishing, Malvern 2009) 101
[119] Charles Debattista, *Bills of Lading in Export Trade* (3.º, Tottel Publishing, Malvern 2009) 102

Capítulo V

Título para processar o transportador fora da relação contratual

1. A situação anterior à COGSA e ao dispositivo de contrato implícito

Tal como já foi demonstrado no subcapítulo relativo aos privilégios, graças à COGSA, a regra geral da transferência do risco "no embarque ou a partir do embarque", independentemente da passagem da propriedade, não exclui o comprador de recursos contra o transportador.[120]

No entanto, antes da COGSA, a Lei dos Conhecimentos de Embarque de 1855 (a seguir designada "BLA") tratava do direito de ação judicial e privava o interessado na carga, que não era parte no contrato, do direito de intentar uma ação contratual contra o transportador.[121] Assim, a BLA estabelecia um hiato entre o comprador e o transportador e só o carregador, ao abrigo do conhecimento de embarque, tinha legitimidade para processar o transportador.[122] Nenhum outro documento ou ausência de documento proporcionava qualquer proteção ao comprador. A solução legal para os problemas era que o direito de ação podia ser transferido para o comprador, se a propriedade tivesse sido transferida para ele.[123] No entanto, não era claro qual era o regime aplicável no caso de a propriedade não ter sido transferida para o comprador. Não era claro como é que a BLA trataria o contrato de transporte, quando a propriedade fosse transferida mediante pagamento.[124] Consequentemente, a BLA não conseguiu resolver as questões relacionadas com os contratos de transporte, em que o risco é transferido "no momento ou a partir do transporte", independentemente da propriedade. Por conseguinte, a parte que deveria suportar o risco em trânsito não estaria protegida no âmbito do BLA.[125]

Para resolver este problema, antes da adoção da COGSA, os tribunais desenvolveram o instrumento do contrato implícito, que foi estabelecido no *processo Brand Liverpool*[126] e utilizado para estabelecer um contrato implícito entre o comprador e o transportador.[127]

---

[120] Ver o mesmo no capítulo anterior

[121] Filipo Lorenzon, *C.IF and F.O.B Contracts* (5°, Sweet and Maxwell, 2012) 15, Nicholas Gaskell, Regina Asariotis, Yvonne Baatz, *Bills of Lading: Law and Contracts* (1.°, LLP professional publishing, Grã-Bretanha 2000) 101, Charles Debattista, *Bills of Lading in Export Trade* (3.°, Tottel Publishing, Malvern 2009) 15, Stephen Girvin, *Carriage of Goods by Sea* (1.°, Oxford University Press, Oxford 2011) 76

[122] Enichem Anic SpA contra Ampelos Shipping Co Ltd *(The Delfini)* [1990] 1 Lloyd's Rep 252; *The Berge Sisar* [2001] 1 Lloyd's Rep 663

[123] BLA 1855 s(1)

[124] Dunlop *Pneumatic Tyre Co Ltd contra Selfridge & Co Ltd* [1915] UKHL 1 774 (AC)

[125] Charles Debattista, *Bills of Lading in Export Trade* (3.°, Tottel Publishing, Malvern 2009) 102

[126] *Brandt contra Liverpool Brazil and River Plate Steam Navigation Co Ltd* [1924] 1KB

[127] *Brandt contra Liverpool Brazil and River Plate Steam Navigation Co Ltd* [1924] 1KB 575; *Cremer contra General*

Embora houvesse outros casos[128] que se referiam aos contratos implícitos, *o Brandt Liverpool* estabeleceu o conceito final do dispositivo. Este caso é relevante mesmo atualmente, na medida em que mostra que, quando os requisitos da COGSA não estão preenchidos, pode ser necessário interpretar o dispositivo do contrato implícito para dar ao transportador o direito de processar o interesse da carga.

No processo *Brandt Liverpool*[129] , um credor pignoratício do conhecimento de embarque processou o transportador pelos danos ocorridos durante o transporte. O transportador declinou a sua responsabilidade com base num contrato privado. O queixoso não podia intentar uma ação com base no contrato do conhecimento de embarque nem com base em responsabilidade civil, porque, na altura em que ocorreu o dano, não tinha a propriedade das mercadorias. No entanto, o tribunal não tomou em consideração o argumento do transportador baseado na privação do contrato e confirmou a sentença de Green J, tendo concluído o seguinte: o transportador torna-se credor pignoratício do comprador, uma vez que, por um lado, prometeu ao comprador cumprir o termo do conhecimento de embarque e, por outro, o proprietário do navio prometeu ao comprador entregar as mercadorias. Por conseguinte, os factos interpretaram o caso para além da doutrina da privacidade do contrato.

No entanto, existiam algumas limitações ao funcionamento do dispositivo do contrato implícito.[130] No *processo Elli*[131] , o tribunal reconheceu o direito de ação do armador contra o comprador, que aceitou a entrega sem apresentar um conhecimento de embarque. De acordo com este processo, para estabelecer a contrapartida e o direito de ação, respetivamente, não é necessária a existência de um conhecimento de embarque. Esta decisão tornou o dispositivo do contrato tácito um instrumento flexível, uma vez que permitiu dar ao comprador o direito de ação, no momento mais relevante, quando o conhecimento de embarque não lhe conferiu esse direito. No entanto, existem algumas limitações, quando um contrato implícito não pode ser estabelecido. Em especial, a menos que não exista "uma realidade comercial numa transação que crie obrigações executórias entre as partes que negoceiam entre si em circunstâncias em que seria de esperar que essa realidade comercial e as obrigações

---

Carriers SA (The Dona Mari) [1974] 1 WLR 341

[128] *White & Co v Furness, Withy Co Ltd* [1985] 40 (AC); *Stindt v Roberts* [1848] 17 LJ QB 166; *Cock v Taylor* [1811] 13 East 399

[129] *Brandt contra Liverpool Brazil and River Plate Steam Navigation Co Ltd* [1924] 1KB 575

[130] Charles Debattista, *Bills of Lading in Export Trade* (3.º, Tottel Publishing, Malvern 2009) 103

[131] *The Elli* [1985] 1 Lloyd's Rep. 107, 115

executórias existissem",[132] implicitamente o contrato não pode ser estabelecido. Além disso, no _Aramis case[133] foi determinado que, quando não há promessa de entregar as mercadorias por transportador, o dispositivo do contrato implícito não é aplicável.[134] No entanto, de acordo com a opinião dissidente de Evans J. neste caso, um contrato pode ser implícito a partir do facto de "o transportador ter entregue outras mercadorias, enviadas a granel com as mercadorias dos queixosos a outros destinatários ao abrigo de outros conhecimentos de embarque".[135] Este raciocínio não foi aceite por ser considerado uma interpretação muito ampla da doutrina da consideração. No entanto, a interpretação dada por Evans J. era a única forma de tornar o contrato implícito útil na prática. Esta interpretação torna-se necessária, sobretudo, quando o recetor não obtém o bem, para lhe conferir o direito de ação.[136] Se dissermos que não se trata de uma contraprestação, então o contrato tácito perderá a sua utilidade prática. No entanto, como já foi referido, este problema está atualmente resolvido pela COGSA.

Antes da COGSA, para fazer face às dificuldades impostas pelo BLA, era utilizado outro instrumento, o chamado "contrato especial".[137] Este dispositivo foi desenvolvido no processo *Dunlop v
Lambert case*[138] e tratava do problema em que, para além das indemnizações nominais, o interesse da carga procurava obter uma indemnização pelo prejuízo que sofreu pessoalmente devido à violação do contrato.[139] Este pode ser um caso em que o expedidor tem um "contrato especial" com o proprietário do navio em benefício do destinatário e que pode ser executado após a passagem da propriedade para o destinatário. O dispositivo do "contrato especial" protegeu a parte que ficou de fora das vias de recurso após a passagem do risco e da propriedade e deu-lhe a oportunidade de recuperar junto do transportador. Por exemplo, quando o expedidor acorda com o transportador que, após a entrega ao transportador, o risco continua a pertencer-lhe, vincula o transportador a si próprio através do contrato especial.[140]
A adoção da COGSA afectou o problema de duas formas. Em primeiro lugar, o direito de ação foi atribuído ao comprador que detém as guias de remessa do navio e as cartas de porte

---

[132] *The Elli* [1985] 1 Lloyd's Rep. 107, 115
[133] *The Aramis* [1987] 2 Lloyd's Rep. 58
[134] *The Aramis* [1987] 2 Lloyd's Rep. 58
[135] *The Aramis* [1987] 2 Lloyd's Rep. 58
[136] *The Aramis* [1987] 2 Lloyd's Rep. 59
[137] Stephen Girvin, *Carriage of Goods by Sea* (1º, Oxford University Press, Oxford 2011) 119
[138] Dunlop *Pneumatic TyreCo Ltd v* *Selfridge&Co* *Ltd* [1915]UKHL1AC825
[139] Dunlop *Pneumatic TyreCo Ltd v* *Selfridge&Co* *Ltd* [1915]UKHL1AC827
[140] Dunlop *Pneumatic TyreCo Ltd contra* *Selfridge&Co* *Ltd* [1915]UKHL1AC832

marítimo. Em segundo lugar, confere ao interessado na carga (por exemplo, o comprador), que não é parte nos contratos de transporte de mercadorias, mas sim o legítimo detentor de um dos documentos de transporte (conhecimento de embarque, carta de porte marítimo ou guia de remessa), o direito de processar o transportador[141] . Assim, a COGSA afastou-se da doutrina da privacidade do contrato.

2. Delito de negligência

Nos casos em que o comprador não tem recurso nem ao abrigo da COGSA nem do dispositivo contratual implícito, pode intentar uma ação contra o transportador por responsabilidade civil. No entanto, para intentar uma ação por responsabilidade civil, o requerente tem de provar que, no momento em que ocorreu o dano, tinha um interesse de propriedade sobre as mercadorias (a propriedade equitativa da propriedade transferida pelo conhecimento de embarque não é suficiente para intentar uma ação por responsabilidade civil)[142] . Na prática, se o comprador puder provar que é proprietário das mercadorias no momento do dano, poderá provar que tem o direito de reclamar ao abrigo da COGSA.[143] No entanto, pode dar-se o caso de a COGSA não ser aplicável e ser decisivo provar o facto da passagem da propriedade e o direito de ação por responsabilidade civil, respetivamente.[144]

A fim de obter uma imagem clara do fundamento do direito de ação por responsabilidade civil, serão analisados os processos *The Aliakmon*[145] e *The Wear Breeze*[146] . No *processo The Wear Breeze*, foram impostas algumas restrições à ação por responsabilidade civil. Nomeadamente, as mercadorias, que tinham sido vendidas nas condições CIF, foram danificadas em trânsito depois de o risco já ter sido transferido para o comprador, mas a propriedade continuava a pertencer ao vendedor. Não foi transferido para o comprador qualquer conhecimento de embarque ou outro documento suscetível de lhe conferir direitos contratuais contra o transportador. O tribunal indeferiu uma ação baseada em responsabilidade civil intentada pelo comprador contra o transportador, com o fundamento de que tal ação não podia ser intentada por uma pessoa que não era proprietária das mercadorias nem tinha direito à sua posse imediata no momento em que ocorreu o dano. A este caso

---

[141] Charles Debattista, *Billsof Lading in Export Trade* (3°, Tottel Publishing, Malvern 2009) 30, 31
[142] *Leigh & Sillavan Ltd contra Aliakmon Shipping Co ltd (Aliakmon)* [1986] A.C. 809
[143] *Leigh & Sillavan Ltd v. Aliakmon Shipping Co ltd (Aliakmon)* [1986] A.C. 809; *The "Okehampton"* [1913] P 54; [1913] 173
[144] *Simaan General Contracting Co contra Pilkington Glass Ltd* [1988] QB 782 (CA); *omburg Houtimport BV contra Agrosin Private Ltd (The Starsin)* [2003] UKHL 123 (AC)
[145] *Leigh & Sillavan Ltd v. Aliakmon Shipping Co ltd (Aliakmon)* [1986] (CA) 811
[146] *Margarine Union GmbH contra Cambay Prince SS Co Ltd (The Wear Breeze)* [1969] 1 QB 219

seguiu-se o *processo Aliakmon*,[147] cujos factos foram os seguintes: O carregador "A" expediu as mercadorias por conta do vendedor "B", que as vendeu ao comprador "C" ao abrigo do contrato de venda celebrado entre "A" e "B" e que constava do conhecimento de embarque. "C" foi nomeado destinatário e devia receber a mercadoria por conta de "B". O risco passou para "C" e os danos ocorreram por culpa de "A". Por conseguinte, "C" pediu uma indemnização a "A".

tem o direito de intentar uma ação ao abrigo do conhecimento de embarque. "A" objectou que estava protegido por

Regras de Visby da Haia[148] ao abrigo do conhecimento de embarque, que não permitia a "C" reclamar indemnizações por danos extracontratuais. Em resposta, "C" argumentou que existia uma relação de fiança entre "C" e "A" com base no conhecimento de embarque. No entanto, o tribunal rejeitou este argumento e estabeleceu que a única relação de fiança pode ser estabelecida entre o vendedor e o proprietário do navio, neste caso entre "B" e "A". Assim, não foi admitido qualquer pedido de indemnização por ato ilícito, pelo que se pode concluir que a interpretação do tribunal conduz ao conceito de fiança, que desempenha um papel significativo nos pedidos de indemnização por carga fora da relação contratual.

Os dois casos mencionados demonstram que as obrigações decorrentes da relação de fiança podem sobrepor-se à responsabilidade civil.[149] No entanto, o fiador nem sempre tem um dever de diligência em matéria de responsabilidade civil e a questão importante é saber em que medida o dever de diligência em matéria de responsabilidade civil deve ser determinado pelos termos da fiança. A opinião dominante é a de que, se existir uma relação de fiança, o dever de diligência em matéria extracontratual deve ser interpretado pelos termos da fiança, não havendo necessidade de examinar outros deveres.[150] Se não existir uma relação de fiança, então deve ser considerado o dever de diligência habitual em matéria de responsabilidade civil.[151]

Um dos exemplos notáveis do processo acima referido é o caso *The Kapetan Markos*[152] , em que os deveres em matéria de negligência são demonstrados em vez da fiança. Neste caso,

---

[147] *Leigh & Sillavan Ltd v. Aliakmon Shipping Co ltd (Aliakmon)* [1986] (CA) 811

[148] Regras de Visby da Haia 1979

[149] *Hispanica de Petroles SA v Vencedora Oceanica Navegación SA (The Kapetan Markos NL)* (No 2)[1987] 2 Lloyd's Rep 321 (CA)

[150] *East West Corporation v. DKBS1912 & AKTS Svendborg e Utaniko Ltd. v. P&O Nedlloyd B. V.* [2003] ECC 25-26

[151] *East West Corporation v. DKBS1912 & AKTS Svendborg e Utaniko Ltd. v. P&O Nedlloyd B. V.* [2003] ECC 25-26

[152] *Hispanica de Petroles SA v Vencedora Oceanica Navegacion SA (The Kapetan Markos NL)* (No 2)[1987] 2 Lloyd's Rep 32 (CA)

"A" apresentou um conhecimento de embarque em que nomeava "B" como destinatário. Posteriormente, "B" endossou-o e entregou-o a "C". "A" danificou negligentemente as mercadorias e "C" quis reclamar os danos a "A". "C" não tinha um direito contratual, uma vez que "B" actuava como agente de "C" no contrato de fretamento. Por conseguinte, o tribunal não estabeleceu nem o direito contratual ao abrigo do conhecimento de embarque nem a existência de um contrato implícito ou de um contrato colateral entre "A" e "C". No entanto, o tribunal admitiu um pedido de indemnização por responsabilidade civil devido à relação de fiança entre "A" e "C". De acordo com a opinião de Lord Mustill, "A" devia uma obrigação a "C" em virtude da proximidade de "A" em relação às mercadorias. Por conseguinte, "A" foi considerado fiador de "C". Além disso, Mustill identifica a relação de fiança não como o resultado da transferência do conhecimento de embarque, mas como o resultado do facto de "A" se ter tornado subfiduciário de "C" através de "B", que, por sua vez, era fiduciário de "C". No entanto, o tribunal considerou que a relação de fiança foi criada em virtude do endosso do conhecimento de embarque por "B" a "C" e que, enquanto o endosso permitia a transmissão da propriedade a "C", "A" tornava-se fiador de "C". Através do endosso, a posse das mercadorias foi transferida para "C" e "A" tornou-se fiador de "C". Como se pode ver no exemplo, o acórdão *Kapetan Markos*[153] contradiz *o acórdão Aliakmon*[154] , que prevê que a relação de fiança só pode ser criada entre o vendedor e o proprietário do navio.

Em suma, no processo *Aliakmon*[155 156] a propriedade nunca foi transferida para "C" e "B" teve sempre a posse das mercadorias, ao passo que, por outro lado, no processo *Kapetan Markos*[1556] , após o carregamento das mercadorias no navio de "A", a posse foi transferida de "B" para "C" e "C" tornou-se fiador. A razão pela qual, no processo *Aliakmon*, a transferência do conhecimento de embarque não resultou na transferência de um interesse possessório prende-se com o facto de "A" já ter adquirido a posse das mercadorias antes de transferir o conhecimento de embarque para "C". Por outras palavras, a posse dos bens era impossível de transferir de "B" para "C", uma vez que "A" já era o proprietário. Consequentemente, a ausência de transferência de propriedade não criou uma relação de fiança entre "A" e "C".

Após a discussão acima, pode dizer-se que, mesmo no caso de uma ação baseada em

---

[153] *Hispanica de Petroles SA v Vencedora Oceanica Navegacion SA (The Kapetan Markos NL)* (No 2)[1987] 2 Lloyd's Rep 32 (CA)

[154] *Leigh & Sillavan Ltd contra Aliakmon Shipping Co ltd (Aliakmon)* [1986] (CA)

[155] *Leigh & Sillavan Ltd contra Aliakmon Shipping Co ltd (Aliakmon)* [1986] (CA)

[156] *Hispanica de Petroles SA v Vencedora Oceanica Navegacion SA (The Kapetan Markos NL)* (No 2)[1987] 2 Lloyd's Rep 32 (CA)

responsabilidade civil, os termos do contrato de transporte são decisivos para determinar a extensão do dever do transportador, caso este tenha esse dever para com o proprietário das mercadorias. Por exemplo, se o contrato de transporte estipular que o transportador apenas tem de transportar as mercadorias sem aquecimento relevante e se ocorrerem danos devido à falta de aquecimento, não será aplicável qualquer fundamento para a responsabilidade civil. Outro exemplo de fiança pode ser, quando existe um contrato entre "B" e "C" e as mercadorias são transportadas com a autorização de "A" num navio propriedade de "C". Neste caso, não se considerará que "A" tem um direito de regresso contra "C" enquanto agente de "B", mas sim que se estabelece uma relação de fiança entre "A" e "C", sem fiança direta entre "A" e "B" e sem subfiança entre "A" e "C". Assim, o facto de as mercadorias já serem propriedade de "B" privaria "A" do direito de reclamar uma indemnização a "C". Existe igualmente a possibilidade de o carregador manter o direito de ação contra o transportador no âmbito da fiança após ter transferido o direito de ação com base no conhecimento de embarque.

Como as obrigações de fiança também surgem independentemente da responsabilidade civil,[157] a tese examina a fiança na secção seguinte.

3. *Título de propriedade em caso de fiança*

O princípio da fiança no contrato de venda que envolve o cartucho de mercadorias implica que uma pessoa (fiador) entrega as mercadorias que estão na posse do interesse da carga (o afiançado).[158] De acordo com o *processo Barclays Bank v Commisisoners*[159] , o contrato de transportador é "um contrato combinado de fiança e transporte",[160] , o que significa que os contratos CIF e FOB contêm a relação de fiança, em que o vendedor é um fiador e o transportador um afiançado. No entanto, de acordo com a jurisprudência[161] , pode dizer-se que o transportador pode ser o fiador do comprador e este, por sua vez, o fiador.[162] A base da transmissão da relação de fiança, como já foi indicado acima, é o conhecimento de embarque[163] e não necessariamente a transferência de propriedade.

Em conclusão, a posse física ou o controlo efetivo dos bens não é necessário nem suficiente para a criação de uma relação de fiança. O princípio fundamental do direito de ação judicial

---

[157] Simon Baughen, "Bailment or Conversion? Misdelivery Claims Against Non-contractual Carriers" [2010] 411, 418

[158] *Produce Brokers New Company [1924] Ltd contra Wray, Sanderson & Co Ltd* [1931] 39 T.L.R. 257); *Coggs contra Bernard* (1703) 2 Ld Raym 909; 92 ER 107

[159] *Her Majesty's Commissioners of Customs and Excise contra Barclays Bank Plc* [1963] 1 Lloyd's Rep 81 (CA)

[160] *Her Majesty's Commissioners of Customs and Excise contra Barclays Bank Plc* [1963] 1 Lloyd's Rep 81 (CA)

[161] *Her Majesty's Commissioners of Customs and Excise contra Barclays Bank Plc* [1963] 1 Lloyd's Rep 81 (CA)

[162] *Scottish & Newcastle International Ltd contra Othon Ghalanos Ltd* [2008] UKHL 111 47 (L.R) 47

[163] *The Berge Sisar* [2001] 1 Lloyd's Rep 18 205 (AC)

por fiança foi estabelecido nos seguintes casos: *Aliakmon*[164] , *The Kapetan Markos,*[165] *The East West Corporation*[166] e i *The Captain Gregos*[167] . Todos os processos têm uma abordagem comum a esta questão: se "A" afiançar bens a "B" e depois os vender a "C", "C" não tem o direito de processar "B" por fiança apenas com base no facto de ser proprietário dos bens. A este respeito, o papel decisivo desempenha o conhecimento de embarque, e o facto de existir ou não um título para processar por fiança depende da interpretação do conhecimento de embarque.[168]

4. *Conclusão*

Resumindo, as vias de recurso disponíveis para os juros da carga CIF e FOB contra o transportador pelos danos em trânsito são as seguintes: direito do destinatário transferido pelo conhecimento de embarque, que se baseia no funcionamento da COGSA; título para processar com base num dispositivo contratual implícito; título para processar por delito e fiança. Sempre que o contrato esteja contido ou seja comprovado pelo conhecimento de embarque, a COGSA funcionará e não surgirão dificuldades em termos de indemnização do transportador pelos danos ocorridos durante o transporte. No entanto, a legitimidade para intentar uma ação judicial em matéria de responsabilidade civil e de fiança é questionável, uma vez que estas duas matérias dizem respeito à transferência de propriedade. Se os bens forem propriedade do destinatário CIF e FOB, este pode intentar uma ação por responsabilidade civil ou por fiança. No entanto, normalmente, como indicado, a propriedade nos contratos de transporte não é transferida a partir do transporte, mas sim mais tarde, aquando da entrega. Por conseguinte, o recurso contratual em matéria de responsabilidade civil ou de fiança raramente é aplicável na prática às vendas CIF e FOB. No entanto, o capítulo seguinte analisa a transferência de propriedade nos termos de transporte, a fim de examinar em que circunstâncias os interesses da carga CIF e FOB podem intentar uma ação por responsabilidade civil.

---

[164] *Leigh & Sillavan Ltd contra Aliakmon Shipping Co ltd (Aliakmon)* [1986] (CA)

[165] *Hispanica de Petroles SA contra Vencedora Oceanica Navegacion SA (The Kapetan Markos NL)* (n.º 2)[1987] 2 Lloyd's Rep 32 (CA

[166] *The Berge Sisar* [2001] 1 Lloyd's Rep 18 205 (AC)

[167] *The Captain Gregos* [1990] 2 Lloyd's Rep 395 (AC) 402

[168] *The Captain Gregos* [1990] 2 Lloyd's Rep 395 (AC) 402

Capítulo VI
Transmissão de bens

Tal como estabelecido anteriormente, quando o contrato contém o conhecimento de embarque, o direito de ação judicial depende do funcionamento da COGSA. O problema de a BLA não conferir os direitos ao comprador sem os interesses de propriedade é resolvido pela COGSA. O tema da discussão continua a ser a questão de saber se a determinação da passagem da propriedade é relevante nas vendas de remessas. Tal como já foi referido, a passagem de propriedade tem uma importância significativa para a instauração de uma ação por delito. A fim de determinar se o comprador CIF e FOB exerce o direito de intentar uma ação por responsabilidade civil, o presente capítulo analisa a passagem da propriedade nos contratos de transporte ao abrigo do direito inglês.

1. *Transferência de propriedade ao abrigo da SOGA e condições de expedição*

Em geral, os contratos CIF e FOB não fornecem indicações sobre a transferência de propriedade.[169] No entanto, como indicado, a questão da propriedade torna-se decisiva, quando se trata do título para processar o transportador por danos ocorridos em trânsito.[170]

Em primeiro lugar, deve ser estabelecida uma diferenciação clara entre ter uma posse e ter uma propriedade sobre as mercadorias. A posse é um direito equitativo transferido pelo conhecimento de embarque, que constitui a base do título de propriedade nos termos da COGSA. Assim, a posse é a ordem para controlar as mercadorias em trânsito. Por outro lado, a posse é necessária quando não existe qualquer direito possessório ao abrigo do conhecimento de embarque, ou seja, não é possível obter quaisquer direitos ao abrigo da COGSA, e a parte está disposta a recorrer a vias de recurso extracontratuais.

Este capítulo examina a forma como as disposições legais e contratuais são interpretadas em termos de passagem de propriedade, abrangendo a questão da reserva de propriedade nos contratos CIF e FOB.

De acordo com o *processo The Julia,*[171] , é uma caraterística implícita, mas não estabelecida, do contrato CIF que a propriedade é transferida pela entrega do documento contra o qual o comprador efectua o pagamento.[172]

Em geral, nos termos da SOGA, a propriedade transmite-se quando as partes têm a intenção

---

[169] Charles Debattista, *Bills of Lading in Export Trade* (3.º, Tottel Publishing, Malvern 2009) 83
[170] Charles Debattista, *Bills of Lading in Export Trade* (3.º, Tottel Publishing, Malvern 2009) 84
[171] *The Julia* [1949] 293 307 (A.C.)
[172] *The Julia* [1949] 293 307 (A.C.)

de a transmitir.[173] No entanto, existem algumas excepções a esta regra. Se os bens não forem específicos ou determinados e se a intenção das partes de transmitir a propriedade não for expressa nem implícita, a regra geral não se aplica.[174] Nesse caso, existem cinco presunções ao abrigo da SOGA, segundo as quais o tribunal deve determinar o momento da transmissão da propriedade. [175]

Em primeiro lugar, é aplicável o artigo 16.º da Lei SOGA, segundo o qual a propriedade é transferida após a determinação dos bens e a sua afetação ao contrato. [176] Assim, o apuramento dos bens é um requisito para a transmissão da propriedade. O apuramento significa que uma parcela deve ser fisicamente separada da outra.[177] A razão pela qual a propriedade não é transferida com o risco nos contratos CIF e FOB reside no facto de, nesses contratos, a descrição das quantidades não ser determinada e a determinação ocorrer após a entrega. Uma vez separadas, as mercadorias devem ser afectadas ao contrato. A partir daí, considera-se que a propriedade foi transferida.

A segunda presunção diz respeito à carga misturada num volume identificado, em que a verificação já não é um requisito para a transferência da propriedade.[178] A razão subjacente é que o comprador que pagou pelas mercadorias não pode adquirir a sua posse, caso as mercadorias não tenham sido expedidas separadamente de outra carga. Por conseguinte, a verificação é suprimida do requisito e a afetação das mercadorias ao contrato e o pagamento continua a ser o principal requisito para a transmissão da propriedade.

A terceira presunção é a de transmitir a propriedade numa apropriação incondicional ao abrigo do s. 18(5)[179] , afirmando que, mesmo que o requisito relativo à verificação seja satisfeito, a propriedade não será transmitida a menos que as partes não tenham essa intenção. Se o contrato previr expressamente uma data exacta para a transferência da propriedade, é muito provável que as questões não se coloquem. No entanto, geralmente os contratos CIF e FOB não contêm tais estipulações e apenas fazem referência ao momento em que uma parte específica das obrigações contratuais é cumprida. Por exemplo, se o contrato incluir termos como "numerário contra documentos", a propriedade é transferida aquando do pagamento. No caso de mercadorias líquidas, normalmente as partes não acordam em transferir a

---

[173] SOGA s(17)

[174] Charles Debattista, *Bills of Lading in Export Trade* (3.º, Tottel Publishing, Malvern 2009) 107

[175] Charles Debattista, *Bills of Lading in Export Trade* (3.º, Tottel Publishing, Malvern 2009) 108

[176] SOGA s(16)

[177] *Benjamin's Sale of Goods* (9th, Maxwell, Oxford 2014) 155.110

[178] *The Julia* [1949] 293 307 (A.C.)

[179] SOGA s(18)(5)

propriedade aquando do transporte ou através do caminho de ferro[180] e a sua aplicação depende da verificação.A quarta presunção refere-se ao aviso de apropriação. Nesse caso, o vendedor do CIF tem o dever de dar um "aviso de apropriação" ao comprador[181] e a propriedade é transmitida após o aviso de apropriação.A quinta e última presunção é quando o contrato contém uma cláusula específica que reserva ao vendedor o direito de dispor dos bens. Exemplos demonstrativos são as cláusulas Romalpa,[182] que têm um enorme impacto na transmissão de propriedade e que serão analisadas no próximo subcapítulo.

2. Cláusulas de transferência de propriedade e de reserva de propriedade nos contratos de transporte

Na ausência de disposições expressas relativas à propriedade, os tribunais avaliam a intenção das partes. A secção 19(2) da SOGA desempenha um papel importante na determinação da intenção com base no modo de emissão e no modo de transferência do conhecimento de embarque. De acordo com esta secção,[183] quando um conhecimento de embarque prevê que as mercadorias são entregues à ordem do vendedor ou do seu agente, considera-se que o vendedor se reservou o direito de alienação.Nas condições CIF e FOB, normalmente as mercadorias não são determinadas e a propriedade transmite-se com a sua afetação incondicional ao contrato mediante aviso escrito. Se a notificação for incondicional e o contrato não contiver qualquer cláusula específica relativa à retenção de propriedade sobre as mercadorias, considera-se que a propriedade é transferida aquando da emissão da notificação escrita. A propriedade também pode ser transferida quando o vendedor entrega as mercadorias ao comprador ou ao transportador. No entanto, no caso de as partes acordarem na reserva de propriedade sobre as mercadorias, também conhecida como cláusula Romalpa, as partes têm a intenção expressa de acordar que o vendedor mantém o seu direito de disposição até ao pagamento.[184] [185] Por exemplo, no processo *Armour contra Thyssen Edelstahlwerk[185]* , o vendedor conservou a propriedade de todas as mercadorias entregues até ao pagamento de todas as dívidas que lhe eram devidas. A aplicabilidade de tais cláusulas foi estabelecida no processo *Aluminium Industrie v Romalpa,*[186] , em que o tribunal determinou que as cláusulas Romapla são aplicáveis no direito inglês e não contradizem o direito do comprador de

---

[180] *Primetrade AG v Ythan Ltd* [2005] APP.L.R. 111
[181] Charles Debattista, *Bills of Lading in Export Trade* (3.º, Tottel Publishing, Malvern 2009) 112
[182] *Aluminium Industrie Vaassen BV contra Romalpa Aluminium Ltd* [1976] 1 WLR 676
[183] SOGA s(19)(2)
[184] *Aluminium Industrie Vaassen BVv Romalpa Aluminium Ltd* [1976] 1 WLR 676
[185] *Armour contra Thyssen Edelstahlwerke AG* [1990] 3 AER 281
[186] *Fairfax Gerrard Holding Ltd contra Capital Bank PLC* [2007] EWCA Civ 1226 (AC)

revender e o direito de transferir a propriedade das mercadorias para terceiros.A reserva de propriedade também pode estar implícita se as partes não chegarem a um acordo expresso.[187] Nos termos do n.º 2 do artigo 19.º da Lei SOGA, se o contrato for comprovado pelo conhecimento de embarque, considera-se que as partes reservam o direito de alienação ao vendedor até ao pagamento.[188] A interpretação desta secção aplica-se ao contrato CIF; no entanto, ainda não é claro se também se aplica ao contrato FOB. Três académicos dominantes neste domínio, *Benjamin*, *Debattista* e *Carver*, têm opiniões diferentes. Por conseguinte, é preferível concentrarmo-nos na interpretação da jurisprudência sobre esta matéria. No caso *Mitsui & Co Ltd contra Flota Mercante Grancolombiana*[189] , a carga foi expedida pelo vendedor em condições FOB.[190] O vendedor obteve um conhecimento de embarque à sua ordem. As mercadorias foram danificadas durante o transporte e o comprador final tentou obter uma indemnização do transportador com base em responsabilidade civil. Para intentar uma ação por responsabilidade civil, o requerente devia provar que tinha um direito de propriedade sobre as mercadorias no momento do dano.[191] Para determinar a titularidade da ação, considerou-se que a propriedade só passou para o comprador final após o pagamento, pelo que este não tinha a propriedade nesse momento.[192] Por conseguinte, o direito de intentar uma ação por responsabilidade civil neste caso não era possível.

3. *Passagem de propriedade e contratos de transporte contidos no conhecimento de embarque*

Para determinar se a propriedade se transmite juntamente com a transferência do conhecimento de embarque e se existe uma intenção implícita de paritar para o fazer, depende da natureza do conhecimento de embarque.[193] Este tópico deve ser visto e analisado de acordo com três circunstâncias diferentes.Se o conhecimento de embarque for efectuado à ordem do vendedor, de acordo com os processos *Jenkyns v Borwn*[194] e *Parchim*, nos termos do n.º 2 do artigo 19.º[195] , presume-se que o vendedor tencionava reservar o direito de alienação até ao pagamento. [196] A decisão foi confirmada no *processo Filiatra Legacy*[197] , em que o pagamento

---

[187] *Sandhu v Jet Star Retail Ltd* [2011] EWCA Civ 459 (AC)

[188] *Fairfax Gerrard Holding Ltd contra Capital Bank PLC* [2007] EWCA Civ 1226 (AC)

[189] *Mitsui & Co Ltd contra Flota Mercante Grancolombiana SA* [1989] 1 All ER 951, 316

[190] *Hibbert v Carter* [1787] 1 TR 746

[191] *Hibbert v Carter* [1787] 1 TR 746

[192] *Hibbert v Carter* [1787] 1 TR 746

[193] *The Rafaela S* [2003] 1 Lloyd's Rep 347

[194] *Jenkins v Brown* [1849] 14 QB 496

[195] SOGA s(19)(2)

[196] *P S Chellaram & Co Ltd contra China Ocean Shipping Co* [1989] 1 Lloyd's Rep 413

[197] *The Filiatra Legacy* [1991] 2 Lloyd's Rep

foi efectuado por carta de crédito e, ainda, no processo *Turner v Trustees*[198] , em que as mercadorias foram transportadas num navio propriedade do comprador. Em todos estes casos, a propriedade passou para o comprador aquando do pagamento e não no momento do embarque. No entanto, existem algumas excepções a esta regra, quando a propriedade é transferida no momento do embarque se o vendedor atuar como agente do comprador e obtiver o conhecimento de embarque do transportador.[199] De acordo com as excepções às regras principais, pode dizer-se que, na determinação da passagem da propriedade, a natureza do acordo e o conhecimento de embarque desempenham um papel significativo.Quando o conhecimento de embarque é efectuado à ordem do comprador, a resposta é a menos simples. Há um ponto de vista segundo o qual se presume que a propriedade é transferida aquando da expedição, com base nos artigos 19(2) e 18(5) (2).[200] No entanto, a posição dominante significa que não há presunção de transferência de propriedade neste caso e que depende apenas da natureza do contrato.[201] Por exemplo, se o conhecimento de embarque for efectuado à ordem do comprador, mas o vendedor se reservar o direito de dispor da mercadoria até ao pagamento, a propriedade será transferida no momento do pagamento e não no momento da expedição.[202] Em geral, pode presumir-se que a propriedade nos casos acima descritos se transmite aquando da entrega dos documentos.Nos casos em que o contrato prevê o pagamento "em numerário contra documentos", é evidente que as partes pretendem transmitir a propriedade aquando do pagamento. Mesmo que a entrega das mercadorias ocorra antes da entrega do conhecimento de embarque, a propriedade é transferida aquando do pagamento.[203]Deve sublinhar-se que, de acordo com o n.º 2 do artigo 19.º da SOGA, não se pode presumir a reserva tácita do direito de alienação no caso de um conhecimento de embarque simples, de uma carta de porte marítimo, de uma nota de entrega ou de um recibo de entrega.[204] No caso de outros documentos que não o conhecimento de embarque, a intenção das partes de manter o título deve ser avaliada ao abrigo do n.º 2 do artigo 17.[205]

---

[198] *Trustee Exp. v Turner* [1974] 1 W.L.R. 1556

[199] *The Filiatra Legacy* [1991] 2 Lloyd's Rep

[200] Charles Debattista, *Bills of Lading in Export Trade* (3.º, Tottel Publishing, Malvern 2009) 118

[201] Charles Debattista, *Bills of Lading in Export Trade* (3.º, Tottel Publishing, Malvern 2009) 118; *Benjamin's Sale of Goods* (9th, Maxwell, Oxford 2014) 15.002; *The Seven Pioneer* [2001] 2 Lloyd's Rep 57

[202] Charles Debattista, *Bills of Lading in Export Trade* (3.º, Tottel Publishing, Malvern 2009) 118

[203] Charles Debattista, *Bills of Lading in Export Trade* (3º, Tottel Publishing, Malvern 2009) 116

[204] *Transpacific Eternity SA v Kanematsu Corp (The Antares III)* [2002] 1 Lloyd's Rep 233

[205] *Nippon Yusen Kaisha contra Ramjiban Serowgee* [1938] A.C. 429

Capítulo VII

Título para processar ao abrigo do contrato de transporte em vendas CIF e FOB

O objetivo deste capítulo é debater os seguintes tópicos: O primeiro tópico de análise é o dos casos em que o interesse da carga não tem vias de recurso contra o transporte, nem no âmbito da COGSA, nem através do delito de fiança ou de um contrato tácito, e a questão é saber se o interesse da carga fica sem vias de recurso.

No entanto, antes de passar ao problema propriamente dito, é necessário analisar a Lei dos Contratos (Direitos de Terceiros) de 1999, que entra em vigor nos casos em que não existe nenhuma das vias de recurso (direito de reclamação ao abrigo da COGSA, direito de reclamação por ato ilícito, fiança ou contrato implícito) previstas no segundo capítulo. A Lei de 1999 reviu a doutrina da privacidade dos contratos.[206] O objetivo da lei é conferir direitos a terceiros na execução do contrato. De acordo com o n.º 1 da lei,[207] terceiros têm o direito de executar o contrato, se estiverem identificados no contrato[208] e a menos que as partes contratantes não tenham tido a intenção de não conferir esse direito a terceiros.[209] No entanto, o s. 6(5) prevê uma exceção ao s. 1, estipulando que a Lei não se aplica ao contrato de transporte de mercadorias por via marítima.[210] O objetivo da exceção não contradiz a política da COGSA, uma vez que, como já foi discutido nas secções anteriores, esta já permite conferir direitos a terceiros no contrato de transporte de mercadorias por via marítima.[211]

No entanto, esta exclusão não significa que a Lei de 1999 nunca seja relevante nos contratos de transporte. O capítulo seguinte analisará em pormenor o impacto da Lei de 1999 nos contratos CIF e FOB.

1. Vendas CIF

Em geral, o vendedor CIF é uma parte original do contrato de transporte e o comprador, inicialmente um terceiro, torna-se posteriormente parte do contrato por força da COGSA.[212] Nomeadamente, a COGSA confere direitos à parte, que é identificada no conhecimento de embarque, como uma pessoa a quem o transportador tem o dever de entregar as mercadorias.

---

[206] Sexto relatório intercalar, Estatuto das Fraudes e Doutrina da Consideração [1937]Cm5449
[207] Lei dos Contratos (Direitos de Terceiros) de 1999
[208] Lei dos Contratos (Direitos de Terceiros) de 1999 s(1)(b)
[209] Lei dos Contratos (Direitos de Terceiros) de 1999 s(1) e s(2)
[210] Lei dos Contratos (Direitos de Terceiros) de 1999 s(6)(5)
[211] Lei dos Contratos (Direitos de Terceiros) de 1999 s(6)(5)
[212] COGSA s 2(1)(b)

[213] O mesmo se aplica ao contrato de transporte que contém uma carta de porte marítimo ou uma ordem de entrega do navio, em que o vendedor identifica o comprador como a pessoa a quem as mercadorias devem ser entregues.[214] Por conseguinte, em todos estes casos, quando os requisitos de identificação estão preenchidos, aplica-se a COGSA. Por outro lado, o n.º 5 do artigo 6.º de[215] estabelece que o artigo 1.º da mesma lei não confere qualquer direito a terceiros relativamente ao contrato de transporte marítimo de mercadorias comprovado por um conhecimento de embarque. Assim, os contratos CIF habituais são abrangidos pela exceção do n.º 5 do artigo 6.º, o que significa que a Lei de 1999 não confere direitos a esse comprador.

Outro exemplo de quando o comprador é nomeado expedidor no conhecimento de embarque é, por exemplo, o *processo Hansson v. Hamel & Horley*[216] , em que o comprador foi nomeado expedidor e, com base nisso, tornou-se a parte original do conhecimento de embarque com direito a processar o transportador. No entanto, neste caso, considerou-se que o vendedor tinha sido privado do direito de redirecionar as mercadorias.[217] Assim, se este caso não tivesse ocorrido, o vendedor não seria considerado um legítimo detentor do conhecimento de embarque na aceção da COGSA e não teria o direito de cobrar ao transportador. Por outro lado, o comprador encontrar-se-ia numa posição vantajosa. Por conseguinte, neste caso, seria aplicável a COGSA e, pelos mesmos motivos, seria excluída a aplicação da Lei de 1999. No entanto, o facto de nomear o comprador como carregador não significa que o vendedor se recusou a manter o direito de disposição até ao pagamento, mas apenas para facilitar a entrega.[218] No *caso Hanssons*, o conhecimento de embarque foi rejeitado pelo comprador, devido à falta de "cobertura documental contínua" ao abrigo do contrato CIF.[219] Se este caso tivesse ocorrido agora, aplicar-se-ia a COGSA, uma vez que a rejeição do conhecimento de embarque não significaria que o vendedor é um detentor legítimo, uma vez que o conhecimento de embarque lhe foi endossado. Por conseguinte, o vendedor teria um direito de regresso contra o transportador. No entanto, o vendedor não teria qualquer direito ao abrigo da Lei de 1999, uma vez que se trataria de um contrato de transporte comprovado pelo conhecimento de embarque, que seria abrangido pela exceção do nº 5 do artigo 6º e que

---

[213] COGSA s 2(1)(b)

[214] COGSA 1(3), 5 (3)

[215] Lei dos Contratos (Direitos de Terceiros) de 1999 s(6)(5)

[216] *Hansson contra Hamel & Horley Ltd* [1992] 2 36 (AC)

[217] *Mitchell v Ede* [1840] 1 Ad & El. 888

[218] *The Kronprinsessan Margaretha* [1921] 1 486, 515 (AC)

[219] *Hansson contra Hamel & Horley Ltd* [1992] 2 39 (AC)

impediria que o artigo 1º da Lei de 1999 lhe desse o direito de processar o transportador.[220]

Do mesmo modo, se houver um contrato CIF com variação, em que o montante a pagar depende da quantidade de mercadorias que efetivamente chegam, o risco de danos continua a ser do vendedor.[221] Nesse caso, o vendedor não teria um recurso contra o transportador, uma vez que a propriedade não foi transferida antes da perda,[222] antes presumivelmente no momento do pagamento.[223] Também não teria direito a uma indemnização por fiança, uma vez que o conhecimento de embarque estaria em nome do comprador. Isto significa que a receção pelo comprador faria dele um fiador, mesmo que a entrega efectiva fosse feita ao vendedor.[224] A reclamação contratual ao abrigo da COGSA também seria um problema, especialmente no caso de parte das mercadorias se perder,[225] devido ao facto de o comprador reter o conhecimento de embarque para reclamar a entrega. Por conseguinte, nesse caso, o vendedor não se tornaria o legítimo detentor do conhecimento para efeitos da COGSA. Outra opção para reclamar ao transportador poderia ser a Lei de 1999, mas este caso seria abrangido pela exceção do nº 5 do artigo 6º da Lei de 1999, o que significa que a Lei também não conferiria quaisquer direitos ao vendedor. A última opção para intentar uma ação contra o transportador seria basear o pedido num contrato implícito, que poderia ser criado quando o vendedor apresentasse e o transportador aceitasse as mercadorias para carregamento.[226] O contrato implícito não seria abrangido pela exceção prevista na Lei de 1999. Se o vendedor não conseguir provar a existência de um contrato implícito, a única solução poderá ser convencer o comprador a intentar uma ação contra o transportador no interesse do vendedor, com base no facto de este ter o risco sobre as mercadorias. Se não o conseguir provar, o vendedor não terá qualquer possibilidade de recurso. No entanto, em caso de perda total, o vendedor teria uma solução, uma vez que o comprador não reteria o conhecimento de embarque e transferi-lo-ia para o vendedor, tornando-o legítimo detentor do conhecimento. Por conseguinte, o vendedor teria um direito contratual ao abrigo da CIGSA.

Deve sublinhar-se que os requisitos para a identificação dos direitos de terceiros ao abrigo da

---

[220] *Hansson contra Hamel & Horley Ltd* [1992] 2 40 (AC)
[221] *Benjamin's Sale of Goods* (9th, Maxwell, Oxford 2014) 19-106
[222] *Leigh & Sillavan Ltd v. Aliakmon Shipping Co ltd (Aliakmon)* [1986] A.C. 785
[223] *Benjamin's Sale of Goods* (9th, Maxwell, Oxford 2014) 19-094
[224] *Hansson contra Hamel & Horley Ltd* [1992] 2 40 (AC)
[225] Guenter Treitel, F.M.B Reynolds, *Carver of Bills of Lading* (1.ª edição, Sweet and Maxwell, Londres 2001) 120
[226] Guenter Treitel, F.M.B Reynolds, *Carver of Bills of Lading* (1.ª edição, Sweet and Maxwell, Londres 2001) 1201;
Elder Dempster Co contra Paterson Zochonis & Co [1924] A.C. 522

COGSA e da Lei de 1999 são diferentes. Por exemplo, uma pessoa pode tornar-se titular legal de um conhecimento de embarque ao abrigo da COGSA, mas, por outro lado, não pode ser expressamente identificada no contrato de transporte para efeitos da Lei de 1999.[227]

4.   *Vendas FOB*

No caso de um contrato FOB, nem sempre é o vendedor que é a parte original do contrato de transporte. Uma vez que o contrato FOB tem três variações principais, tal como identificado no *processo Pyrane,*[228] , a secção seguinte examina a legitimidade processual da parte que não é a parte original do contrato de transporte e o impacto da Lei de 1999 nas vendas FOB.

a.   FOB: Comprador designado como expedidor e o vendedor designado como expedidor

De acordo com o contrato FOB clássico, quando o comprador nomeia o navio no qual o vendedor deve carregar as mercadorias a bordo[229] , o vendedor é parte no contrato de transporte até transferir os direitos para o comprador aquando da emissão do conhecimento de embarque. Se o comprador for designado como carregador, o vendedor continuará a estar protegido pelo funcionamento da COGSA como parte inicial do contrato de transporte. No entanto, se tal acontecesse na prática e nunca fosse emitido um conhecimento de embarque, o caso seria resolvido apenas com base no contrato implícito entre o vendedor e o transportador.[230]

Um outro exemplo de um contrato FOB clássico, em que o vendedor é designado como carregador, seria um caso em que o vendedor tivesse o direito de intentar uma ação judicial como parte original do contrato de transporte e o comprador adquirisse esse direito aquando da transferência do conhecimento de embarque.

Como indicado em ambos os casos acima referidos, haveria dois contratos em que cada parte poderia basear o seu pedido. Em primeiro lugar, o contrato pré-fatura entre o vendedor e o transportador e, em segundo lugar, o contrato de conhecimento de embarque entre o comprador e o transportador. A presente secção analisará os dois casos supramencionados à luz da Lei de 1999, uma vez que esta tem um enorme impacto neste contrato.

Se o comprador for designado como expedidor no conhecimento de embarque, isso significa que existe um novo contrato entre o comprador e o transportador, que é evidenciado pelo conhecimento de embarque. Por conseguinte, em virtude do n.º 5 do artigo 6.º da lei de 1999,

---

[227]Guenter Treitel, F.M.B Reynolds, *Carver of Bills of Lading* (1.ª edição, Sweet and Maxwell, Londres 2001) 121
[228] *Pyrene Co Ltd v. Scindia Navigation Co ltd* [1954] 2 QB 402 (424)
[229]*Pyrene Co Ltd v. Scindia Navigation Co ltd* [1954] 2 QB 402 (424)
[230] Guenter Treitel, F.M.B Reynolds, *Carver of Bills of Lading* (1.ª edição, Sweet and Maxwell, Londres 2001) 124

nesse caso, o artigo 1.º da lei[231] não se aplica e a lei aplicável será a COGSA. A solução será a mesma, quando o vendedor é nomeado como expedidor. No entanto, nos casos em que o comprador é nomeado expedidor e o contrato inicial entre o vendedor e o transportador não inclui um conhecimento de embarque, a exceção do s. 6(5) não se aplica a este contrato pré-fatura.[232] Nesse caso, o vendedor tem o direito de se opor ao transportador com base na Lei de 1999, no entanto, apenas no caso de o contrato de pré-faturação e o contrato de conhecimento de embarque conterem essencialmente as mesmas condições.[233]

b. FOB: Espaço de expedição reservado pelo vendedor

O outro caso é quando a carga é reservada pelo vendedor antecipadamente e o vendedor é uma parte original do contrato de transporte contido no conhecimento de embarque.[234] Uma das variantes desse contrato seria o caso em que o conhecimento de embarque não é emitido. Este exemplo foi apresentado no processo *Hanjin Shipping contra Procter Gamble*,[235] , em que o agente do vendedor reservou um espaço de carga com o agente do comprador e, após a reserva, nomeou o agente do comprador como destinatário a quem a entrega deveria ser efectuada. Posteriormente, o vendedor solicitou ao transportador que devolvesse as mercadorias ao porto de carga onde o conhecimento de embarque não tinha sido emitido. O tribunal considerou que não existia qualquer contrato entre a transportadora e o comprador, uma vez que o agente do comprador foi nomeado no contrato de reserva de carga como destinatário em vez do comprador. Assim, não foi estabelecido qualquer contrato anterior ao conhecimento de embarque. No entanto, se fosse estabelecido, seria entre o vendedor e o transportador e, consequentemente, o comprador não teria direito a reclamar com base num contrato implícito ao abrigo da Lei de 1999. No entanto, este caso seria abrangido pelo âmbito de aplicação da secção 2 da COGSA e não seria necessário apresentar uma queixa com base na lei de 1999 enquanto terceiro.[236] Esta situação é idêntica à das vendas CIF, em que o vendedor adquire um conhecimento de embarque em seu nome e o transfere posteriormente para o comprador.[237]

---

[231] Lei dos Contratos (Direitos de Terceiros) de 1999 s(1)

[232] Guenter Treitel, F.M.B Reynolds, *Carver of Bills of Lading* (1.ª edição, Sweet and Maxwell, Londres 2001) 124

[3] Treitel p. 201, Guenter Treitel, F.M.B Reynolds, *Carver of Bills of Lading* (1st, Sweet and Maxwell, London 2001) 126

[234] *Evergreen Marine Corp contra Algate Warehouse (Wholesalers) Ltd* [2003] EWHC 667 (Comm); [2003] 2 Lloyd's Rep. 587

[235] *Hanjin Shipping C Ltd contra Procter Gamble* ltd [1997] 2 Lloyd's Rep 341

[236] Guenter Treitel, F.M.B Reynolds, *Carver of Bills of Lading* (1.ª edição, Sweet and Maxwell, Londres 2001) 127

[237] Referência à minha carta

No entanto, na mesma situação, em que o conhecimento de embarque não foi emitido, o caso não seria abrangido pela exceção prevista no n.º 5 do artigo 6.º, uma vez que esta apenas se aplica aos contratos comprovados por um conhecimento de embarque. Por conseguinte, seria aplicável o artigo 1.º da Lei de 1999 e o comprador poderia ter o direito de processar o transportador ao abrigo do contrato de reserva de carga celebrado entre o vendedor e o transportador.[238] No entanto, esta não seria uma solução simples, uma vez que dependeria muito da natureza das condições do conhecimento de embarque. Na prática, como já foi referido, os terceiros normalmente não adquirem direitos em situações semelhantes às acima mencionadas. Assim, se o expedidor se tiver reservado o direito de reencaminhar as mercadorias do destinatário indicado no conhecimento de embarque, é pouco provável que esse direito do terceiro tenha força executória contra o transportador.

c.   Contrato FOB alargado e suas variações

No contrato FOB alargado, o comprador contrata um transitário para fazer uma reserva de espaço de transporte. O vendedor carrega a carga a bordo e obtém um recibo do companheiro e apresenta-o ao transitário para obter um conhecimento de embarque.[239] Neste caso, o vendedor não assume a responsabilidade de pagar o frete para obter um conhecimento de embarque.[240] Isto significa que o comprador é uma parte original do contrato de transporte comprovado pelo conhecimento de embarque. Assim, o vendedor não tem um direito contratual contra o transportador ao abrigo da GOCSA, uma vez que apenas obteve uma receita de transporte e este documento representa apenas um comprovativo de um recibo e não prova o contrato de transporte. Além disso, devido ao facto de o vendedor não ter qualquer direito contratual enquanto terceiro, não pode ser estabelecido qualquer contrato implícito entre o vendedor e a transportadora. O vendedor terá o direito de intentar uma ação judicial ao abrigo do artigo 1.º da lei de 1999 se provar que os requisitos previstos no artigo 1.º, n.º 1, da lei de 1999 estão preenchidos e que beneficia do contrato que "diz respeito aos seus interesses"[241] e está expressamente identificado no contrato. Se o vendedor conseguir provar isso, terá o direito ao abrigo da Lei de 1999. No entanto, a probabilidade de o provar não é elevada, uma vez que o contrato implícito entre o vendedor e o transportador pode impedir o vendedor de beneficiar da Lei de 1999, uma vez que é abrangido pela exceção prevista no nº

---

[238] Guenter Treitcl, F.M.B Reynolds, *Carver of Bills of Lading* (1.ª edição, Sweet and Maxwell, Londres 2001) 128
[239] *Pyrene Co Ltd v. Scindia Navigation Co ltd* [1954] 2 QB 402 (424)
[240] Green v Sichel (1860) 7 C.B. (N.S) 747
[241] Guenter Treitel, F.M.B Reynolds, *Carver of Bills of Lading* (1.ª edição, Sweet and Maxwell, Londres 2001) 128s; *Pyrene Co Ltd v. Scindia Navigation Co ltd* [1954] 2 QB 402 (424)

5 do artigo 6º. Por conseguinte, o facto de o vendedor poder ou não beneficiar da Lei de 1999 depende da natureza do contrato de reserva de carga celebrado entre o comprador e a transportadora. A este respeito, podem distinguir-se quatro situações de contrato de reserva de carga[242].

A primeira situação, que demonstra um dos casos dos quatro acima mencionados, seria um caso em que as mercadorias nunca foram expedidas e nunca foi emitido qualquer conhecimento de embarque. Este caso não seria considerado como um contrato de transporte comprovado por um conhecimento de embarque para efeitos da Lei de 1999. Assim, a exceção do s. 6(5) não se aplicaria neste caso e o vendedor teria o direito de intentar uma ação judicial ao abrigo do s.1 da Lei de 1999.

O segundo caso é quando as mercadorias não são expedidas mas é emitida uma fatura de expedição. Se a fatura contiver uma declaração de que as mercadorias foram recebidas e o transportador as recebeu do vendedor, poderá ser estabelecido um contrato implícito entre o vendedor e o transportador, devido ao facto de o transportador ter recebido as mercadorias. Uma vez que este contrato implícito é abrangido pelo documento de transporte, é abrangido pela exceção prevista no nº 5 do artigo 6º, o que impede a aplicação do artigo 1º da Lei de 1999.[243] Assim, neste caso, o vendedor não se encontra numa boa posição, uma vez que não adquire o direito de terceiro ao abrigo da Lei de 1999 e o direito que poderia ter com base no contrato anterior ao conhecimento de embarque ao abrigo da mesma lei esgotar-se-á com a emissão do conhecimento de embarque.[244]

O terceiro cenário seria quando o conhecimento de embarque é emitido e contém uma declaração falsa de que as mercadorias foram expedidas e, na realidade, não o foram.[245] A emissão do conhecimento de embarque com uma declaração falsa não daria ao vendedor o direito de intentar uma ação judicial ao abrigo do contrato de transporte.[246] No entanto, neste caso, o transportador seria responsável pela falsa declaração nos termos do artigo 4º da GOCSA.[247] No entanto, a responsabilidade não se basearia no contrato de transporte. Neste caso, os estoppels legais funcionariam, uma vez que a transportadora seria impedida de negar a existência de um contrato de transporte.[248] No entanto, o vendedor não poderia invocar o

---

[242] Guenter Treitel, F.M.B Reynolds, *Carver of Bills of Lading* (1.ª edição, Sweet and Maxwell, Londres 2001) 131
[243] The Act 1999 s(6)(6); e COGSA s(1)(2)(b)
[244] A Lei de 1999 s(1)(4)
[245] Guenter Treitel, F.M.B Reynolds, *Carver of Bills of Lading* (1.ª edição, Sweet and Maxwell, Londres 2001) 131
[246] *Heskell v Continental Express Ltd* [1950] 1 All E.R. 1030
[247] COGSA s(4)
[248] Guenter Treitel, F.M. BReynolds,*Carver of Billsof Lading* (1st, Sweet and Maxwell,London2001)   131

artigo 4.º do GOCSA, uma vez que o transportador não lhe transferiu um conhecimento de embarque. Mesmo que a transferência tivesse sido efectuada, o vendedor não se tornaria um legítimo detentor, pelo que a s.4 também não seria aplicável, o que significa que a s.4 se aplica quando a entrega não é efectuada ou em caso de entrega a descoberto.[249] Assim, neste caso, o vendedor não teria quaisquer direitos nem ao abrigo da COGSA nem da Lei de 1999. No entanto, se, no mesmo exemplo, o contrato de transporte não fosse comprovado pelo conhecimento de embarque, o vendedor teria direitos ao abrigo da Lei de 1999, como parte do contrato implícito anterior ao conhecimento de embarque.[250]

O quarto caso é o *caso Pyrane*.[251] Trata-se de uma situação em que as mercadorias foram danificadas durante o carregamento e não foram expedidas. No entanto, o conhecimento de embarque foi emitido e as mercadorias danificadas foram eliminadas do mesmo.[252] Neste caso, poderia ser estabelecido um contrato tácito entre o vendedor e o transportador, uma vez que o processo de carregamento tinha começado. Assim, o vendedor poderia ter direitos sobre as mercadorias danificadas não expedidas. No entanto, se o carregamento não estivesse em curso, o contrato tácito não poderia ser estabelecido, uma vez que a conduta do vendedor de embarcar as mercadorias seria a base da relação contratual entre o vendedor e o transportador. Neste caso (em que não pode ser estabelecido qualquer contrato implícito), o vendedor poderia ter intentado uma ação ao abrigo da Lei de 1999, com base no contrato anterior ao conhecimento de embarque entre o transportador e o comprador. A reserva de espaço de carga pelo comprador conferiria os direitos do vendedor como terceiro. No entanto, se após a emissão do conhecimento de embarque, os termos do contrato anterior ao conhecimento de embarque se mantivessem inalterados, isso significaria que todo o contrato estava coberto pelo conhecimento de embarque.

Tal impediria a aplicação do artigo 1º da lei de 1999, uma vez que o caso seria abrangido pela exceção do nº 5 do artigo 6º. No entanto, se as condições não se mantivessem inalteradas, o vendedor teria direitos ao abrigo da lei de 1999. [253]

Em suma, a forma alargada de FOB e as suas variações têm uma caraterística comum, que é o facto de o conhecimento de embarque ser obtido junto do comprador, sendo o vendedor nomeado como expedidor. Este facto é suficiente para privar o vendedor do seu direito de ser

---

[249] Guenter   Treitel, F.M. BReynolds,*Carver of Billsof   Lading* (1st, Sweet and Maxwell,London2001   )   123
[250] Guenter   Treitel, F.M. BReynolds,*Carver of Billsof   Lading* (1st, Sweet and Maxwell,London2001   )   123
[251] *Pyrene Co Ltd v. Scindia Navigation Co ltd* [1954] 2 QB 402 (424)
[252] *Pyrene Co Ltd v. Scindia Navigation Co ltd* [1954] 2 QB 402 (413)
[253] Guenter Treitel, F.M.B Reynolds, *Carver of Bills of Lading* (1.ª edição, Sweet and Maxwell, Londres 2001) 133

parte no contrato de transporte e vimos em cada situação a consequência jurídica do direito de reclamação.

No entanto, há uma exceção, quando o comprador reserva um espaço de carga e quando o vendedor embarca as mercadorias a bordo e obtém um conhecimento de embarque em seu próprio nome como carregador. Nesse caso, considera-se que o vendedor reservou o direito de depósito até ao pagamento. Além disso, com essa ação, o vendedor reserva-se o direito, nos termos do conhecimento de embarque, de reencaminhar as mercadorias.[254] Quando o conhecimento de embarque nomeia como expedidor outra pessoa que não o vendedor, esta outra pessoa é a parte original do contrato de transporte.[255] Assim, em tais casos, a pessoa nomeada como expedidor é considerada como parte no contrato de transporte.[256] O facto de o comprador ter feito uma reserva de carga não altera a posição do vendedor como parte original do contrato de transporte.[257] Nesta situação, o comprador tem o direito de intentar uma ação judicial ao abrigo da COGSA, uma vez que o vendedor lhe transfere esse direito com o conhecimento de embarque. Consequentemente, o caso é abrangido pela exclusão do ponto 6(5) e não são conferidos quaisquer direitos ao abrigo da Lei de 1999.

Deve sublinhar-se que, se existirem outros fundamentos para o direito de intentar uma ação com base numa agência ou num contrato implícito, estes serão aplicáveis, uma vez que o n.º 1 do artigo 7.º de 1999 não afecta esses direitos.

---

[254] Guenter Treitel, F.M.B Reynolds, *Carver of Bills of Lading* (1.ª edição, Sweet and Maxwell, Londres 2001) 133
[255] *Union Industrielle et Maritime contra Petrosul International (The Rosaline)* [1987] 1 Lloyd's Rep 18
[256] *Athanasia Comninos* [1979] 1 Lloyd's Rep 277; *Spiliada Maritime Corp. v Cansulex* [1987] 1 Lloyd's Rep 5
[257] *Presidente da Índia contra Metcalfe SS Co Ltd (The Dunelmia)* [1970] 1 QB 289

Capítulo VIII
Conclusão

Após a análise exaustiva da distribuição do risco, da passagem da propriedade e do direito de ação do transportador pelas mercadorias danificadas em trânsito nas vendas CIF e FOB ao abrigo do direito inglês, a tese apresenta um resumo dos pontos-chave da investigação.

A jurisprudência demonstra que a regra geral sobre a distribuição do risco no direito inglês difere da regra geral nos contratos de transferência. Nomeadamente, no direito inglês, o risco é transferido para o comprador juntamente com o bem, ao passo que no contrato de transferência o risco é transferido "no momento ou a partir do momento da transferência", independentemente da transferência do bem. Além disso, a regra geral nas vendas por transferência implica um efeito retroativo, uma vez que permite a transferência do risco para o comprador não só antes da transferência da propriedade, mas também antes da celebração do contrato. A tese analisou os desvios contratuais à regra geral da transferência do risco "no embarque ou a partir do embarque" e estabeleceu que existem excepções à regra geral, que permitem a transferência do risco antes do embarque. A tese estabeleceu que o direito inglês prevê as regras aplicáveis às cláusulas de transferência, que representam a limitação legal à regra geral das vendas por transferência e colocam o risco em caso de danos na parte culpada. Além disso, a tese examinou questões práticas relativas aos direitos de ação ao abrigo da COGSA, que confere o direito de ação aos interesses da carga, que são os legítimos titulares do conhecimento de embarque. A este respeito, foi analisada a situação e os problemas práticos anteriores à COGSA, quando a Lei dos Conhecimentos de Embarque de 1855 privava os interesses da carga não titulares do conhecimento de embarque de intentarem uma ação contratual contra o transportador. A investigação revelou que, antes da promulgação da COGSA, os tribunais desenvolveram o instrumento do contrato implícito, que era utilizado para estabelecer um contrato implícito entre o comprador e o transportador, a fim de criar uma base para a ação. Para além disso, antes da COGSA, os tribunais desenvolveram um outro instrumento, denominado "contrato especial", para proteger os interesses da carga, que não era parte no contrato de transporte. Pode concluir-se que a promulgação da COGSA afectou o problema de duas formas. Em primeiro lugar, atualmente o direito de ação é concedido ao comprador que detém as ordens de entrega do navio e as cartas de porte marítimo. Em segundo lugar, confere ao interessado na carga (por exemplo, o comprador), que não é parte nos contratos de transporte de mercadorias, mas sim legítimo detentor de um dos documentos de transporte (conhecimento de embarque, carta de porte marítimo ou guia de entrega do navio), o direito de intentar uma ação contra o transportador. Um dos principais pontos da tese foi estabelecer que, no caso de o comprador não dispor de um recurso nem ao abrigo da COGSA nem ao abrigo do dispositivo contratual implícito, pode intentar uma ação contra o transportador por responsabilidade civil. No entanto, para intentar uma ação por responsabilidade civil, o requerente tem de provar que, no momento em que ocorreu o dano, tinha um interesse de propriedade sobre as mercadorias. A tese também discutiu o conceito de fiança, uma vez que a fiança é outra base para o direito de processar o transportador e as suas obrigações podem surgir independentemente da responsabilidade civil. A tese concluiu que o direito de ação por responsabilidade civil e a fiança raramente surgem nas vendas de remessas pelas seguintes razões: Estas medidas dizem respeito à transferência de propriedade e a propriedade nos contratos de transporte não é transferida a partir do transporte, mas sim mais tarde, aquando da entrega. Assim, o comprador raramente tem a propriedade das mercadorias em trânsito. Outro aspeto fundamental da tese foi estabelecer que, quando nem a COGSA nem o contrato implícito prevêem soluções para o interesse da carga e quando não existe qualquer responsabilidade civil ou pedido de fiança à sua disposição (o que é o caso nas vendas CIF e FOB), entra em vigor a Lei dos Contratos de 1999. A tese apresenta soluções para os problemas que surgem em diferentes variações dos contratos CIF e FOB no que respeita ao direito de processar o transportador. A este respeito, após a análise caso a caso das soluções disponíveis para os interesses de carga CIF e FOB, concluiu-se que depende da natureza do contrato de transporte e da forma do documento de transporte se os direitos ao abrigo da Lei de 1999 estão disponíveis para esses interesses de carga.

Bibliografia

1. *Literatura:*

2. Benjamin's, *Sale of Goods* (9.ª edição, Maxwell, Oxford 2014) 155

3. Carole Murray; David Holloway; Daren Timson-Hunt; Giles Dixon,*Schmitthoff: The Law and Practice of International Trade* (12.ª edição, Maxwell, Oxford 2012) 21

4. Charles Debattista, *Bills of Lading in Export Trade* (3.º, Tottel Publishing, Malvern 2009)103

5. Filipo Lorenzon, *Contratos CIF e FOB* (5ª, Maxwell, Oxford 2012) 15

6. Guenter Treitel, F.M.B Reynolds, *Carver of Bills of Lading* (1st, Maxwell, London 2001) 12

7. Guenter Treitel, F.M.B Reynolds, *Carver of Bills of Lading* (1st, Maxwell, London 2001)127

8. Gunnar Lagergren, *Delivery of the Goods and Transfer of Property and Risk in the Law on Sale* (1ª, Columbia Law Review Association, Inc., Estados Unidos, 1955) 585

9. Nicholas Gaskell, Regina Asariotis, Yvonne Baatz, *Bills of Lading: Law and Contracts* (1º, Professional Publishing LLP, Grã-Bretanha 2000) 101

10. Simon Baughen, "Bailment or Conversion? Misdelivery Claims Against Noncontractual Carriers" [2010] 411, 418

11. Stephen Girvin, *Carriadge of Goods by Sea* (1.ª edição, Oxford University Press, Oxford 2011) 76

2. Jurisprudência
1. *Aluminium Industrie Vaassen BV contra Romalpa Aluminium Ltd* [1976] 1 WLR 676
2. *Athanasia Comninos* [1979] 1 Lloyd's Rep 277
3. *Armour contra Thyssen Edelstahlwerke AG* [1990] 3 AER 281
4. *Bowden Bros & Co Ltd v. Little* [1907] 4 C.L.R 1364
5. *Bowers v Schad* [1977] 2 App Cas 455
6. *Brandt contra Liverpool Brazil and River Plate Steam Navigation Co Ltd* [1924] 1KB
7. *Burstall & Co v Grimsdale and Sons* (1906) Com. Cas. 280
8. *C Groom Ltd contra Barber* [1915] 1 316 (K.B.)
9. *Calcutta etc Steam Navigation Co v De Mattos* [1863] 32 L.J.Q.B. 214
10. *Cargill International SA contra Bangladesh Sugar and Food Industries Corp* [1988] 2
ALL ER 406
11. *Caval Alimentos SA contra Agrimpex Trading Co Ltd (The Northern Progress)* [1996]
2
Lloyd's Rep. 319
12. *Clarke v Hutchins* [1811] 14 East 475
13. *Cock v Taylor* [1811] 13 East 399
14. *Coggs v Bernard* (1703) 2 Ld Raym 909; 92 ER 107
15. *Cordova Land Co Ltd v Victor Bros* [1966] 1 W.L.R 793
16. *CP Henderson & Co. contra The Comptoir D'Escompte De Paris* [1873] LR 5 253

(PC)

17. *Cremer contra General Carriers SA (The Dona Mari)* [1974] 1 WLR 341

18. *Dunlop Pneumatic Tyre Co Ltd contra Selfridge & Co Ltd* [1915] UKHL 1 AC 832

19. *Dupont contra British South Africa Co* (1901) 18 T.LR. 24;

20. *E Clemens Horst Co Ltd v. Biddell Bros* [1911] 1 K.B. 934;

21. *East West Corporation v. DKBS1912 & AKTS Svendborg e Utaniko Ltd. v. P&O*

NedlloydB.V. [2003] ECC 25-26

22. *Elder Dempster Co contra Paterson Zochonis & Co* [1924] A.C. 522

23. *Enichem Anic SpA contra Ampelos Shipping Co Ltd (The Delfini)* [1990] 1 Lloyd's Rep

252

24. *Evergreen Marine Corp contra Algate Warehouse (Wholesalers) Ltd* [2003] EWHC

667 (Comm); [2003] 2 Lloyd's Rep. 587

25. *Fairfax Gerrard Holding Ltd contra Capital Bank PLC* [2007] EWCA Civ 1226 (AC)

26. *Finska Celluso Foreningen (União Finlandesa da Celulose) contra Westfield Paper Co*

Lt [1940] 68 L1. L Rep.75

27. *Gatoil International Inc v. Tradax Petroleum Ltd (The Rio Sun)* [1985] 1 Lloyd's Rep .
350

28. *Gilhrist, Watt & Sanderson Pty Ltd contra York Product Pty Ltd* [1970] 1 WLR 1262

29. *Green v Sichel* [1860] 7 C.B. 747 (NS)

30. *Hanjin Shipping C Ltd contra Procter Gamble ltd* [1997] 2 Lloyd's Rep 341

31. *Hansson contra Hamel & Horley Ltd* [1992] 2 36 (AC)

32. *Her Majesty's Commissioners of Customs and Excise contra Barclays Bank Plc* [1963]
1 Lloyd's Rep 81 (CA)

33. *Heskell v Continental Express Ltd* [1950] 1 All E.R. 1030

34. *Hibbert v Carter* [1787] 1 TR 746

35. *Hispanica de Petroles SA v Vencedora Oceanica Navegacion SA (The Kapetan Markos*
NL) (No 2)[1987] 2 Lloyd's Rep 321 (CA)

36. *Homburg Houtimport BV contra Agrosin Private Ltd (The Starsin)* [2003] UKHL 12

37. *Houlder Bros & Co Ltd contra Commissioners of Public Works* [1908] AC 276

1.1 *Ireland v Livington* [1871] 5HL 395 (L.R.)

39. *James Finlay & Cp v NVKwik Hoo Tong HM* [1919] 1 407 (KB)

40. *Jenkins v Brown* [1849] 14 QB 496

41. *Law & Bonar Ltd British American Tobacco Co* [1916] 2 KB

42. *Leigh & Sillavan Ltd v. Aliakmon Shipping Co ltd (Aliakmon)* [1986] A.C. 785

43. *M Golodetz & Co Inc contra Czarnikow Rionda Co Inc (o Galatia)* [1980] 1. W.L.R
495

44. *Margarine Union GmbH contra Cambay Prince SS Co Ltd (The Wear Breeze)* [1969]
1 QB 219

45.   *Mash & Murrell Ltd contra Joseph I Emanuel Ltd* [1961] 1 W.L.R. 862 1 Lloyd's Rep

46

46.   *Mitchell v Ede* [1840] 1 Ad & El. 888

47.   *Mitsui & Co Ltd contra Flota Mercante Grancolombiana SA* [1989] 1 All ER 951, 316

48.   *Nippon Yusen Kaisha contra Ramjiban Serowgee* [1938] A.C. 429

49.   *Northern Steel & Hardware Co Ltd contra John Batt Co (London) Ltd* [1917] 22 TLR

516

50.   *Oleificio Zucchi SpA v Northern Sales Ltd* [1965] 2 Lloyd's Rep. 496

51.   *P S Chellaram & Co Ltd contra China Ocean Shipping Co* [1989] 1 Lloyd's Rep 413

52.   *Pointin v Porrier* [1885] 49 J.P. 199

53.   *Presidente da Índia contra Metcalfe SS Co Ltd (The Dunelmia)* [1970] 1 QB 289

54.   *Primetrade AG contra Ythan Ltd* [2005] APP.L.R. 111

55.   *Produce Brokers New Company [1924] Ltd contra Wray, Sanderson & Co Ltd* [1931]

39 T.L.R. 257

56.   *Pyrene Co Ltd v. Scindia Navigation Co ltd* [1954] 2 QB 402 (424)

57.   *Sandhu v Jet Star Retail Ltd* [2011] EWCA Civ 459 (AC)

58.   *Scottish & Newcastle International Ltd contra Othon Ghalanos Ltd* [2008] UKHL 111

47 (L.R.)

59.   *Scruttons Ltd contra Midland Silicones Ltd* [1961] KHL 4 A.C 446
60.   *Shipton Anderson & Co v John Weston & Co* [1922] 10 L1LR 763

61.   *Simaan General Contracting Co contra Pilkington Glass Ltd* [1988] QB 758 CA 782

62.   *Soon Hua Seng Co Ltd contra Glencore Grain Ltd* [1996] 1 Lloyd's Rep 398

63.   *Spiliada Maritime Corp. contra Cansulex* [1987] 1 Lloyd's Rep 5

64.   *Stindt v Roberts* [1848] 17 LJ QB 166

65.   *Stock v Inglis* [1884] 12. A.B.C. 564 (QBD)

66. *Tamvaco v Lucas (No 2)* [1961] 1 B & S 185 89

67. *The Al Hofuf* [1981] 1 Lloyd's Rep 81
68. *The Aramis* [1987] 2 Lloyd's Rep. 58
69. *The Berge Sisar* [2001] 1 Lloyd's Rep 205 (AC)
70. *The Captain Gregos* [1990] 2 Lloyd's Rep 395
71. *El Amria e El Minia* [1982] 2 Lloyd's Rep. 28
72. *The Elli* [1985] 1 Lloyd's Rep. 107, 115
73. *The Filiatra Legacy* [1991] 2 Lloyd's Rep 337
74. *O Gabbiano* [1940] 166
75. *The Galatia, Hindley & Co Ltd v. East Indian Produce Co Ltd.* [1973] 2 Lloyd's
Rep. 515
76. *The Golden* Rio [1990] 2 Lloyd's Rep 273
77. *The Julia* [1949] 293 309 (A.C.)
78. *The Kronprinsessan Margaretha* [1921] 1 486, 515 (AC)
79. *The Mercini Lady* [2010] EWCA Civ 1145
80. *The Pantanassa, [1970]* 1 Lloyd's Rep. 153
81. *The Parchim* [1918] 157 1 203 (A.C.)
82. *The Rafaela S* [2003] 1 Lloyd's Rep 347
83. *The Sanix Ace [1987] 1 Lloyd's Rep 465*
84. *The Seven Pioneer* [2001] 2 Lloyd's Rep 57
85. *The Wise* [1989] 1 Lloyd's Rep 96 451
86. *Transpacific Eternity SA v Kanematsu Corp (The Antares III)* [2002] 1 Lloyd's Rep
233
87. *Trimex Holdings SA v Addax BV (The Red Sea)* [1999] 1 Lloyd's Rep. 28
88. *Trustee Exp. v Turner* [1974] 1 W.L.R. 1556
89. *TW Ranson Ltd contra Manufacture d'Engrais et de Produits Industriels Antwerp*
[1922]
13 Ll. L. Rep. 205
90. *Union Industrielle et Maritime contra Petrosul International (The Rosaline)*[1987] 1
Lloyd's Rep 18
91. *White & Co contra Furness, Withy Co Ltd* [1985] 40 (AC)
92. *Wiehe v Dennis Bros* [1913] 21 TLR 250
93. *Wimble, Sons & Co v Rosenberg & Co* [1913] 3 KB 743 at 756-7
3. *Legislação:*
1. Lei de 1999 relativa aos contratos (direitos de terceiros)
2. Lei do Conhecimento de Embarque de 1855
3. Lei de 1992 relativa ao transporte marítimo de mercadorias
4. Incoterms [2010] Publicação 715 da ICC
5. Venda de mercadorias
6. Lei de 1979

MIX
Papier aus verantwortungsvollen Quellen
Paper from responsible sources
FSC® C105338

Printed by Books on Demand GmbH, Norderstedt / Germany